학교성적 1등급 올리는 나만의 공부 방법
무엇이든 10개씩 결합 두뇌훈련 테스트

Memory Method

뇌학습
주남기억법

암기과목 응용법

한국기억법의 창시자 **손 주 남** 원장 著

역사연대별
사건내용
장기기억

주니어 속독법
한국두뇌개발원
(cafe.daum.net/kbspeedj)

남양문화

교육상담 및 문의

홈페이지 : http://www.kbspeed.com
　　　　　한국두뇌개발교육원

다음카페 : http://cafe.daum.net/kbspeedj
　　　　　주니어속독법

저자 이메일 : amsre@hanmail.net

본서 기획자 : 한국두뇌개발원 (손동조 원장)

전 화 : 02-725-6277

뇌학습 응용

　신이 창조한 인간의 두뇌는 무한한 창조적 기능 가운데 얻어진 정보에 대해 기억저장 회생하는 뛰어난 학습능력을 지니고 있다. 우리는 생활하면서 오각을 통한 육체적 지각활동을 통하여 얻어지는 정보와 책을 읽고 얻어지는 정보를 얻는다. 또한, 인터넷 검색을 통하여 얻어지는 정보, 그리고 수업시간 중 선생님의 강의를 듣고 이해되어 학습 되는 정보지식은 컴퓨터에서 입력되는 입력(input) 과정이다. 다시 말하면 기억과정이고, 이 기억과정을 통하여 얻어진 지식을 활용하는 것이 창조적 학습과정이다.

　학습을 크게 나뉘어 두뇌로 들어오는 과정과 두뇌에 있는 정보지식이 밖으로 나가는 출력(output) 과정을 들 수 있다. 예를 들면 선생님이 강단에서 강의를 하는 것은 정보지식이 머리 밖으로 나가는 과정이고, 학생이 앉아 강의를 듣는 것은 정보지식이 머리로 들어오는 과정이다.

　선생님은 output 과정이고, 학생은 input 과정이다. input+output을 통하여 교육이 이루어진다. 이 원리가 컴퓨터원리이고 우리 두뇌의 원리이다. 우리 두뇌는 좌·우반구로 되어 있어 좌뇌로 입력된 정보지식은 우뇌로 반드시 이동되어야 한다. 좌·우뇌의 교신 곧, 통신이 이루어지고 이동되는 가운데 정보가 정리되고, 정리되는 순서와 양에 따라 좌·우뇌 반구 밑에 해마세포에 저장된다고 두뇌공학자들은 믿고 있다.

　다시 대분(大分)하면 기억이 들어오는 과정은 좌뇌이고 기억이 회생하는 과정은 우뇌이고 저장은 좌뇌·우뇌 중앙 뇌실 및 해마세포가 있는 후두엽으로 생각하면 된다.

　여기서 뇌(腦) 학습이란 좌우뇌의 교신활동을 통한 완전학습을 의미한다. 가장 쉬운 예를 들면 우리 조상은 그 어려운 한문공부를 서당에서 배웠다. 서당 공부의 한 전통적인 예로 책거리라는 전통적인 예가 있다.

좌·우뇌 작용 단계
Memory Method

　책거리는 책씻이, 책례, 세책례라고도 하며, 책거리의 첫 절차는 자신이 뗀 책이 무엇이든 그 책의 내용 구절 문장이 토씨 하나 빠지지 않을 정도로 책의 시작에서 끝까지를 다 외워야 하는 것이다. 그 책 내용이 선생님 앞에서 다 암송되어야 한다. 그리고 스승의 노고에 답례하고 학동을 격려하기 위한 것으로 선생님과 친구들에게 떡과 음식을 대접하는 것이다.

　이 과정에서 다 외워 암송하는 것이 단순암기라는 표현은 잘못된 것이다. 이해하고 읽고, 쓰고 듣고 하는 것은 보편적인 좌뇌의 input 과정이지만 다 외워 암송하는 과정은 우뇌의 회생과정이다.

　바로 우리의 활동을 중요시 하고 좌·우뇌의 교신을 통하여 완전학습이 이루어지므로 좌·우뇌를 다 활용한 전뇌(全腦)학습이다.

　두뇌공학적인 예보다 '두뇌 뇌' 腦의 한자(漢字) 자원을 풀이하면 뇌학습의 원리를 이해하는 데 도움이 될 것 같아서 좌우뇌의 단면도에서 '腦' 자의 원리를 설명하면 다음과 같다.

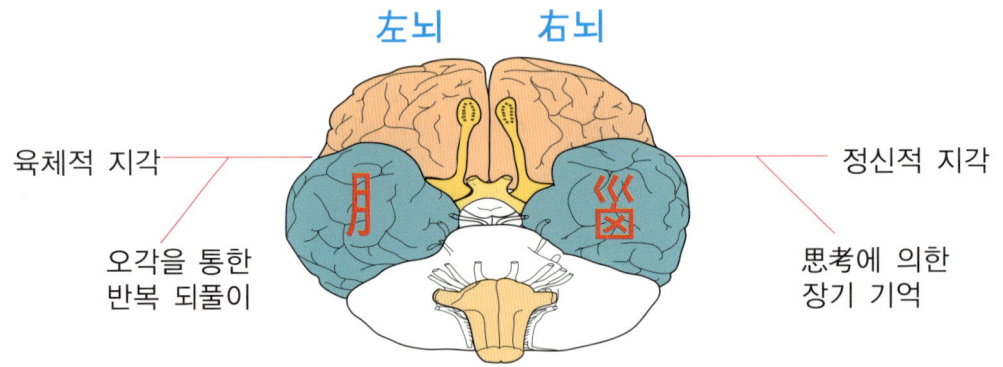

月 : '월자' 모양의 부수는 달이 아니고 육체를 나타내므로 '육달월'이라 칭한다.
巛 : 내 천(川)의 뜻이 있는 자원이며 뇌수를 의미한다.
囟 : '숫구멍 신'으로 많은 정보(文– 글월 문).
　　지식을 담는 그릇 (凵 –오목한 그릇)으로 골을 의미한다.

뇌파의 진동에 의한 정신작용의 四단계

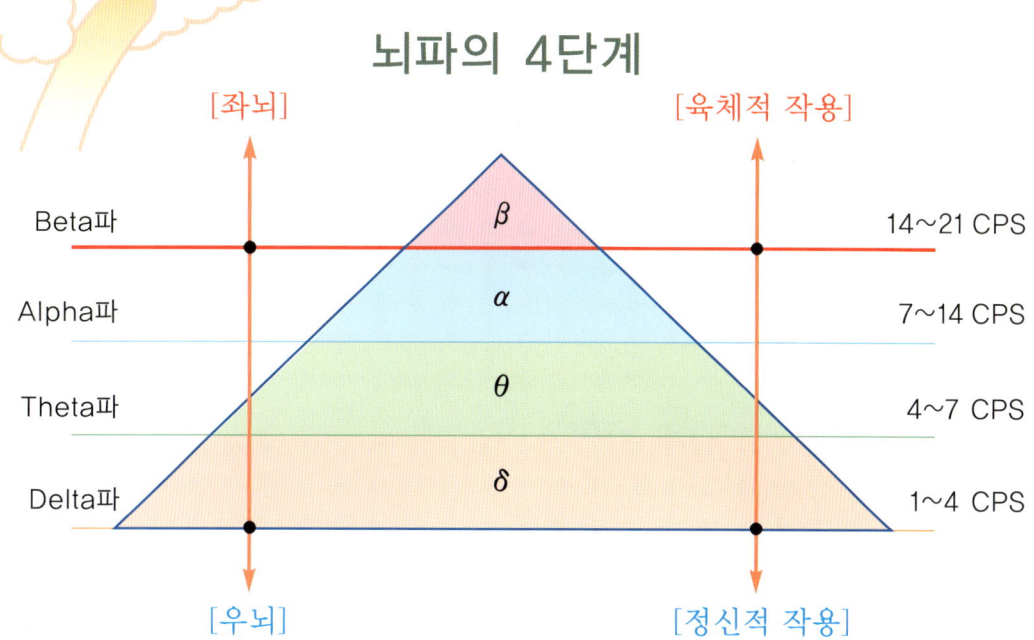

 뇌(腦) 학습의 특징은 우뇌의 집중된 상태($\alpha \sim \theta$), 4~14 cps 정신 상태에서 한번 읽고 들어도 죽을 때까지 잊지 않는 장기 기억법이고, 단전·명상·독서의 삼매 경지·집중된 상태의 의사수술·창작활동의 연구·선 깨침·기도 속의 예시·영감이 이 정신 영역에 든다.

 한번 읽고 본 것이 영화의 화면처럼 떠오르게 하는 학습으로 고도 기술을 공간 위치 연상 구조화를 통하여 한자리서 수백, 수천 개의 학습량을 차례대로 기억할 수 있는 공식 개발이 [주남 기억법]이다.

 필자는 평생, 이 방면에 연구 몰두하여 뇌학습 영재교육에 이바지해 온 교사 회원 여러분과 이 책 교재의 원고편집에 온 정성과 힘을 기울인 한국두뇌개발교육원 연구진에 감사드립니다.

저자 손 주 남 드림

차례

머리말 ... 3
  기억법과 속독법을 배우고 나서 ... 9
  우리 아이가 달라졌어요! ... 10
  기억의 창고 공간력 활용 ... 11
  공간 위치에 따라 기억하기 ①~② ... 12
  공간 위치에 따라 기억회생하여 쓰기 ... 14
  회생의 4대 법칙 ... 15

10개씩 단어 1,000개 기억훈련 ... 18
  열 단어 10개씩 결합하기 훈련(1호~10호) ... 19

원자량 118개 순서 번호 차례 암기방법 ... 59
  0 공 모양 달맞이의 장 ... 60
  10 십장생 병풍 혼례의 장 ... 62
  20 이정표 따라 장가가는 길의 장 ... 64
  30 세배하는 손자의 장 ... 66
  40 사물놀이 농악의 장 ... 68
  50 오월 단오 북춤의 장 ... 70
  60 윷놀이 널뛰기의 장 ... 72
  70 팽이치기 썰매타기의 장 ... 74
  80 八자 모양 차전놀이의 장 ... 76
  90 절구 잔치 준비의 장 ... 78
  100 백사장 씨름의 장 ... 80
  110 일일이 공들이는 투호의 장 ... 82

시 문장의 사고(思考) ... 84
  국화 옆에서 ... 85
  국화 옆에서 그림 연상하기 ... 86
  숫자를 글자로 변환하여 기억하는 방법 ... 87

10(기축)~99(자장면) 까지 글자 공식 종합표 ········· 91
숫자를 글자로 변환하는 종합테스트(훈련 ①~②) ········· 92
숫자 공식에 추상적 낱말을 결합하여 쓰기(기억훈련 ①~⑤)·· 94

숫자 공식에 의한 학습응용 ········· 99
우리나라 역사연대와 주요내용 기억하기 ········· 100

역사연대 연상결합 훈련과 기억훈련에 대한 설명 ········· 101
역사 연대 B.C 기원전 주요 내용 ········· 102
역사 연대 A.D 기원후 서기 [1~10] ········· 105
　기억하여 쓰기 및 해답
역사 연대 A.D 기원후 서기 [11~20] ········· 110
　기억하여 쓰기 및 해답
역사 연대 A.D 기원후 서기 [21~30] ········· 115
　기억하여 쓰기 및 해답
역사 연대 A.D 기원후 서기 [31~40] ········· 120
　기억하여 쓰기 및 해답
역사 연대 A.D 기원후 서기 [41~50] ········· 125
　기억하여 쓰기 및 해답
역사 연대 A.D 기원후 서기 [51~60] ········· 131
　기억하여 쓰기 및 해답
역사 연대 A.D 기원후 서기 [61~70] ········· 137
　기억하여 쓰기 및 해답
역사 연대 A.D 기원후 서기 [71~80] ········· 143
　기억하여 쓰기 및 해답

차례

역사 연대 A.D 기원후 서기 [81~90] ······ 148
    기억하여 쓰기 및 해답

역사 연대 A.D 기원후 서기 [91~100] ······ 153
    기억하여 쓰기 및 해답

역사 연대 A.D 기원후 서기 [101~110] ······ 159
    기억하여 쓰기 및 해답

역사 연대 A.D 기원후 서기 [111~120] ······ 165
    기억하여 쓰기 및 해답

역사 연대 A.D 기원후 서기 [121~130] ······ 171
    기억하여 쓰기 및 해답

역사 연대 A.D 기원후 서기 [131~140] ······ 177
    기억하여 쓰기 및 해답

역사 연대 A.D 기원후 서기 [141~150] ······ 185
    기억하여 쓰기 및 해답

우리나라 대통령, 국가지정 문화재의 종류 ······ 191

우리나라 24절기 기억방법 ······ 192
24절기 마다 속담 및 풍습에 대한 이해 ······ 193
24절기 숫자 낱말 기억훈련 ······ 198
우리나라 24절기 기억방법 ······ 200

나만의 연상 노트에 매핑하기 ······ 204
나만의 연상 기억 노트 장 만들기 ······ 205

기억법과 속독법을 배우고 나서

저는 오래전부터 우연하게 매스컴을 통해서 '손주남 선생님의 초능력 기억법'의 묘기를 여러 번 보게 되었습니다. 항상 마음속으로 우리 아이들에게 꼭 한번 가르쳐야겠다는 생각을 하고 있었는 데 그렇게 실천에 옮기기가 그리 쉽지 않았습니다. 지금으로부터 5년 전 초등학교에 다니는 아들 녀석이 학교에서 안내장 하나를 들고온 것을 꼼꼼히 읽어 보니, 기억법 공개강좌 내용으로 시간이 있는 학부모님들을 초대하여 기억법에 대한 강의를 한 번 들어보라는 내용이 적혀져 있었습니다. 연상기억법에 대해서 관심도 있고 해서 평일 하루 휴가를 내고 강의 장소로 가게 되었습니다. 강의실 안에는 일찍부터 오신 어머니들이 약 100여 명은 넘어 보였고 그 중에 아빠들은 유일하게 나 혼자뿐이었습니다.

마침내 강사님이 도착하셨고 곧바로 기억법 강의가 시작되었습니다. 모두가 숨을 죽이며 강의에 몰두하여 하나라도 더 배우려는 학부모님들의 열의가 대단하였습니다. 2시간 동안 강의를 듣고 나서 우리 아이들에게 기억법 교육을 가르치겠다고 마음먹고 집으로 돌아왔습니다. 그리고 교육원을 수소문한 끝에 한국두뇌개발교육원이 있다는 것을 알게 되었습니다.

처음엔 교육원의 위치가 멀어 아내의 거센 반대도 있었지만 설득하고 또 설득한 끝에 동의를 받아 내고, 수원 집에서 출발하여 2시간 동안 버스와 전철을 번갈아 타고 마침내 한국두뇌개발교육원에 도착해서 아들 녀석과 딸아이를 교육원에 등록시켰습니다. 그날부터 바로 손 동조 원장님께서 세세하게 기억법 강의가 시작되었습니다. 2시간 동안 강의가 끝나고 나서 애들한테 물어보았더니 너무나 재미있다고 싱글벙글하였습니다. 무엇보다도 애들 곁에 있게 배려해주신 손 동조 원장님께 깊이 감사를 드리며, 덕분에 저도 속독법과 연상기억법을 어떻게 응용해야 하는지를 배울 수가 있어서 나무나 좋았습니다. 가끔 연상이 안 될 때는 아이들과 함께 연상기억법도 응용해주고 또 테스트도 하면서 가르쳐 주니 아이들도 즐거워하고 나도 기억 훈련을 다시 한 번 할 수 있어서 더욱 좋았습니다.

수원시 권선구 오목천동에서

우리 아이가 달라졌어요!

　연상기억법을 배운지가 벌써 2년이 다가옵니다. 기억법을 공부하기 전에는 영어 단어를 한번 외우려면 1시간 이상 걸리던 것이 지금은 20분 정도면 충분합니다. 놀라운 시간 단축이 아닐 수 없습니다. 예를 들면 영어로 티어[tear]를 연상 기억법으로 하면 "울다가 눈물이 종이 위에 티어서(튀어서) 종이를 찢어 버렸다."

　또 초이스[choice]라고 쓰인 커피가 있는데, 이것도 "커피를 초이스로 선택하다."로 기억하면 쉽게 외워지면서 오래도록 기억에 남게 됩니다. 이제는 자신감이 생기고 아이들이 스스로 응용력이 숙달되어 무엇이든지 암기를 잘합니다.

　처음엔 반에서 2~3등 했었는 데 연상 기억법을 배우고 나서 전교 5등 밑으로 떨어진 적이 없습니다. 왜! 연상 기억법을 배워야 하는가? 이제야 깨달을 수 있었습니다. 유대인의 자녀 교육법에 의하면 "잡은 물고기를 주면 하루를 살 수 있지만, 고기 잡는 방법을 알려 주면 평생을 먹고 살 수 있다."라는 속담이 있습니다. 교육은 '백년대계'란 말이 있듯이 한번 배워 놓으면 죽을 때까지 써먹을 수가 있습니다. 이렇게 쉽게 암기하고 빠르게 속독으로 읽을 수 있는 방법이 있다는 것을 얼마나 기쁘게 생각하는지 모릅니다. '정말 내가 선택을 잘했구나!' 하고 항상 생각합니다.

　이제는 글로벌 경쟁시대에 1등만이 살아남는 시대가 도래하고 있습니다. 경쟁을 하지 않으면 새로운 제품이 나올 수 없듯이 경쟁을 두려워하지 말고 우리 학생들은 지금부터 열심히 공부하지 않으면 사회생활 하면서 후회를 많이 하게 될 것입니다. 모두가 좋은 연상기억법을 잘 활용하여 공부하시고 후회가 없는 생활을 하시기를 바라며 끊임없이 연구하는 한국두뇌개발원 여러분께 감사를 드립니다.

　　　　　　　　　　　　　　　　　　　　　　　　공 영 기

기억의 창고 공간력 활용

　많은 물건을 보관하려면 창고가 필요하고 보관할 물건의 양에 따라 창고의 크기가 조절되어야 할 것이다. 많은 지식 정보를 보관하려면 그 지식을 담아야 할 그릇이 공간력인 것이다.

　동식물의 종류를 기억함에 있어 다양하고 많은 종류의 동식물의 계통을 계열별로 기억할 경우 생물도감이나 백과사전, 인터넷 검색을 이용하면 많은 정보를 얻어낼 수 있다. 이것은 정보지식일 뿐 기억 정리된 학습이 아니다. 백과사전, 생물도감, 컴퓨터 화면은 백지공간이다. 백지공간은 종이와 같이 본 장면을 눈을 감으면 좌우, 전후, 상중하의 위치감각이 없어진다. 책, 노트에 적은 중요한 내용을 보고 읽었을 때 돌아서면 나타나지 않는 이치와 같다.

　이것을 영화 화면보다 더 또렷이 나타나게 하는 것이 우리 생활 속에 살아있는 장소의 공간이다. 어른이든 유치원생이든 나이 학력에 구별 없이 본대로 읽은대로 100% 나타나면 기억도 만점, 성적도 만점 걱정할 것이 없다.
　이것이 천재와 둔재의 종이 한 장 차이고 사고 방법에 따른 기억의 차이다. 생각방법을 180° 바꾸어라! 그러면 100% 기억된다.

　부모들이 아이들을 데리고 동물원 구경을 같을 때 하루종일 몇 백 종류를 동물 우리별로 보고 이 종류를 자연 생물노트에 적게 하여라! 그러면 대부분의 아이는 동물원 배경을 순회한 순서대로 그리면서 그 종류를 쓸 수 있다. 그 동물원 배경이 공간이고 그 공간 속에서 위치별로 본 것이 공간지각 능력이다. 기억법은 이것을 100개 정도로 열 장의 그림을 공간 배경으로 이용한다.

공간 위치에 따라 기억하기 ①

예 : 서울 고적의 장(場)

1. 남산 팔각정
2. N서울타워
3. 서울역
4. 시청
5. 청계천
6. 종각
7. 동대문
8. 종묘
9. 경복궁
10. 청와대

서울의 지리 배경을 아는 사람은 공간 위치의 연속에 따라 기억이 된다.

공간 위치에 따라 기억하기 ②

예 : 십장생의 장(場)

1. 日(해)
2. 雲(구름)
3. 山(산)
4. 川(내)
5. 岩(바위)
6. 不老草(불로초)
7. 松(소나무)
8. 鶴(학)
9. 鹿(사슴)
10. 龜(거북이)

십장생의 10개 그림을 공간 위치에 따라 기억하는 훈련입니다.

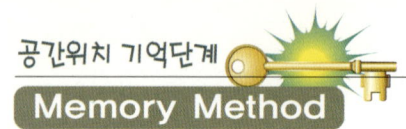

공간 위치에 따라 기억회생하여 쓰기

서울 고적의 장(場)

1.	6.
2.	7.
3.	8.
4.	9.
5.	10.

십장생의 장(場)

1.	6.
2.	7.
3.	8.
4.	9.
5.	10.

※ 두 장면을 한 문제 5점씩 하여 100점 만점이 됨.

점수   점

아리스토텔레스의 회생의 四대 법칙

아리스토텔레스는 알렉산더대왕을 사사하면서 공부가 잘되고 안되는 원인이 외부의 조건에 따라서 그 영향이 미침을 알았고 가장 큰 영향 네 가지를 四대 법칙으로 정했다.

첫째 같이 있는 법칙

두 개의 개체가 공간력 없이 떨어져 있으면 두 개의 어울림을 볼 수 없고 내용이 멀어진다. 오징어와 책상이란 말이 노트엔 낱말로 옆에 같이 있으나 실제 상상 속에선 하나는 바다이고, 다른 하나는 공부하는 교실에서 느껴지므로 서로 떨어진 느낌이다. 결합조화는 책상 위에 물오징어가 놓여 있는 모습으로 상상하라!

둘째 비슷한 법칙

설탕과 눈도 희다는 조건으로 색깔이 비슷하게 기억이 잘 된다. 공부를 하다 보면 비슷한 종류의 단어, 비슷한 이름, 비슷한 문자, 비슷한 내용 등 닮은꼴의 학습 형태는 끝이 없이 많다. 비슷한 두 개의 꼴은 반드시 옆에서 비교분석하여 차이를 알아내야 한다. 그렇지 않으면 끝없는 혼동의 연속이 이루어진다.

셋째 따라서 일어나는 법칙

봄, 여름, 가을, 겨울은 사건의 연속으로 자연적 기억이 이루어진다. 소설, 영화의 내용은 사건이 연속되므로 기억이 잘 된다. 내용의 연관성을 찾는 것이 기억의 중요한 법칙이다.

Memory Method
회생의 4대 법칙단계

넷째 반대의 법칙

'있다' 반대 '없다'. 겨울과 여름, 악(惡)과 선(善), 반대의 개념이 잘 떠오름으로 국어 어휘력, 단어 공부, 한자에서 반대어를 기억하면 동시 두 개를 기억하는 효과가 있다.

> **예**
> 유무(有無), 하동(夏冬), 선악(善惡), 흑백(黑白), 장단(長短), 남녀(男女)
> 조손(祖孫), 다소(多少), 노소(老少), 상하(上下), 좌우(左右), 일월(日月)
> 주야(晝夜), 조석(朝夕), 강약(强弱), 산하(山河), 육해(陸海), 춘추(春秋)

- 이름기억은 소리감각도 지능이다! -

이름기억은 소리와 소리가 합쳐 음절 가락의 자연 연속적 반응에 의한 자연기억이다.

보통 우리가 조선시대 연대표를 기억하는 일반인들의 방법이 '태정태세 문단세' '예성연중 인명선……' 4·3조의 가락을 넣어 읽으므로 소리와 소리가 가락에 따라 연이어 진다. 특히 외국 인명이나 지명은 5음절, 7음절, 8음절 등 10음절에 가까운 소리의 낱말이 많다.

이럴 때 가락의 특징을 잘 이용하여야 하고 다른 모든 낱말 이름의 소리결합은 3음절이 가장 많고 3음절은 읽고 소리를 낼 때 직관적으로 음이 연결된다. 연결된 음에 이미지를 영상화하여 공간 위치결합, 구조화, 첫째 연결법 등으로 순서와 양을 기억하는 것이 효과적이다.

- 한자의 논리적 사고 -

옛날 우리 조상은 그 어려운 한자를 깨우쳐 예술적, 문화적 정신적 면에서 하나의 극치에 도달한 정도의 문화를 이루었다. 한자를 배우면 어휘력이 풍부하여 모든 학과에 이해력을 도울 수 있고 한자를 학습하는 방법이 완전학습으로 기억력이 좋아져 두뇌개발에도 도움이 된다. 한문을 배우는 모든 사람들이 한자를 배우기가 어렵다고 하는 데 앞으로는 본 학습 과정을 겪은 사람은 한자가 가장 배우기 쉽고 그 짜임의 논리성과 이치성에 의하여 머리가 논리적이고 합리적으로 발달할 수 있다. 또 한 자를 깨치면 100자를 깨치는 수평적 사고의 방법을 익힌다. 저자의 교재 중에 한자가 만들어진 과정과 배우는 방법이 기억법으로 출간되어 있어 기억법과 논리적 이해를 하는 데 도움이 된다.

◆ 한자의 부수(部首) : 부수는 한문 자전(字典)에서 글자를 찾는 데 편리하도록 분류하여 나타낸 자획(字畫)의 공통부분이다. 옥편 앞에 보면 글자의 색인표 214자가 있다. 이것이 놓이는 위치에 따라 변, 머리, 받침 등으로 글자의 원핵인 자원에 갈아 붙으면서 뜻을 나타내고 우리의 상식에 호소해 봤을 때 알 수 있도록 되어 있다. 물의 성질은 물 수(水), 나무의 성질은 나무 목(木), 돌의 성질은 돌 석(石), 쇠의 성질은 쇠 금(金), 벌레의 종류는 벌레 충(虫) 등으로 되어 쉽게 알 수 있다. 한자의 부수 214자를 가지고 뜻을 나타내고 기본 자원 하나에 10~100자로 깨쳐 가도록 되어 있다, 특히 자원은 부수와 부수가 합쳐 만들어질 때 두 개가 합치는 순리성, 타당성, 이치성이 우리 두뇌의 논리적 사고력을 길러주게 된다.

◆ 한자의 자원(字源) : 부수와 부수가 합쳐 자원이 되고 한 개의 자원은 그 하나에 끝나지 않고 하나가 옆으로 펼쳐져 10~20자씩 더 만들어지는 원리를 [주남 기억법]에서는 수평적 사고라 한다,

예를 들어 '나라 국(國, 口 부수, 총11획)'의 자원은 '혹 혹(或 : 4급)'이고, 이 혹(或)자는 '창 과(戈)'+국민의 생명(口)+땅, 한 일(一)로 구성이 되어있다. 혹시나 나라의 국경을 적이 침입했는지, 병사가 나라를 지키기 위해 창을 들고 국민의 생명과 땅을 지킨다는 뜻이다. 세 개의 부수가 합쳐질 때 완전한 나라의 주관적 요소를 지니게 된다. 나라 국(國)의 자원이 주어지면 여기에 마음 심(心)과 흙 토(土)의 부수를 갈아 붙이면서 미혹할 혹(惑 : 준3급, 총 12획)과 지경 역(域 : 4급, 총 11획)을 만들어 낸다.

10개씩 단어 1,000개 기억훈련

- 결합훈련만으로도 기억력을 향상시킬 수 있다.
- 두뇌회전을 위해서 기억회생훈련을 자주 할 것. 여러 번 훈련할 것! 그러면, 두뇌가 튼튼해진다.
- 기억훈련 10단어를 하나씩 결합훈련 하면 고리형태로 기억하게 된다.
- 단어와 단어를 영상화하여 기계적으로 기억하면 장기적 기억이 된다.
- 결합훈련은 녹슨 뇌를 기름칠하게 되므로 두뇌가 빠르게 회전한다.
- 기억의 방법을 배워서 훈련한다면 두뇌개발과 학습법에도 많은 도움이 된다.

4단계 기초결합 열 단어 10개씩 결합하기  훈련 1호

- 열 단어를 한 단어씩 연결하여 연속적으로 강하게 결합하세요.
- 예 : [기억훈련 1]을 결합하고 나서 [회생훈련 1]에 단어를 쓰세요.
- 각 기억훈련 10단어씩 나누어서 기억과 회생훈련을 하세요.

기억훈련 1
① 필통 ⇒ ② 고양이 ⇒ ③ 색종이 ⇒ ④ 원숭이 ⇒ ⑤ 상장
⑩ 무지개 ⇐ ⑨ 밀가루 ⇐ ⑧ 기차 ⇐ ⑦ 아기 ⇐ ⑥ 할머니

기억훈련 2
① 화분 ⇒ ② 반지 ⇒ ③ 주전자 ⇒ ④ 배추 ⇒ ⑤ 백화점
⑩ 왕관 ⇐ ⑨ 호랑이 ⇐ ⑧ 모기 ⇐ ⑦ 거미줄 ⇐ ⑥ 지팡이

기억훈련 3
① 사탕 ⇒ ② 악어 ⇒ ③ 매미 ⇒ ④ 코뿔소 ⇒ ⑤ 꽁치
⑩ 콩나물 ⇐ ⑨ 고추장 ⇐ ⑧ 옷걸이 ⇐ ⑦ 냉장고 ⇐ ⑥ 올챙이

기억훈련 4
① 촛불 ⇒ ② 오이 ⇒ ③ 시계 ⇒ ④ 나팔 ⇒ ⑤ 햄버거
⑩ 선풍기 ⇐ ⑨ 눈사람 ⇐ ⑧ 달팽이 ⇐ ⑦ 에어컨 ⇐ ⑥ 조개

기억훈련 5
① 카메라 ⇒ ② 선생님 ⇒ ③ 의자 ⇒ ④ 노트북 ⇒ ⑤ 책상
⑩ 미꾸라지 ⇐ ⑨ 계란 ⇐ ⑧ 비행기 ⇐ ⑦ 화장품 ⇐ ⑥ 접시

기억 회생단계
Memory Method

4단계 기초결합 열 단어 10개씩 기억회생  훈련 1호

➡ 결합하고 나서 1분 후에 빈 칸에 결합한 단어를 회생하여 쓰세요.
➡ [회생훈련] 각 훈련 열 단어씩 훈련하여 완벽하게 결합한 단어를 다 쓰면 10점씩 합산하여 점수를 준다.

점수   점

회생훈련 1
① 필통 ➡ ② ➡ ③ ➡ ④ ➡ ⑤
⑩ ⬅ ⑨ ⬅ ⑧ ⬅ ⑦ ⬅ ⑥ ⬇

회생훈련 2
① 화분 ➡ ② ➡ ③ ➡ ④ ➡ ⑤
⑩ ⬅ ⑨ ⬅ ⑧ ⬅ ⑦ ⬅ ⑥ ⬇

회생훈련 3
① 사탕 ➡ ② ➡ ③ ➡ ④ ➡ ⑤
⑩ ⬅ ⑨ ⬅ ⑧ ⬅ ⑦ ⬅ ⑥ ⬇

회생훈련 4
① 촛불 ➡ ② ➡ ③ ➡ ④ ➡ ⑤
⑩ ⬅ ⑨ ⬅ ⑧ ⬅ ⑦ ⬅ ⑥ ⬇

회생훈련 5
① 카메라 ➡ ② ➡ ③ ➡ ④ ➡ ⑤
⑩ ⬅ ⑨ ⬅ ⑧ ⬅ ⑦ ⬅ ⑥ ⬇

4단계 기초결합 — 열 단어 10개씩 결합하기　　훈련 1호

- 열 단어를 한 단어씩 연결하여 연속적으로 강하게 결합하세요.
- 예 : [기억훈련 1]을 결합하고 나서 [회생훈련 1]에 단어를 쓰세요.
- 각 기억훈련 10단어씩 나누어서 기억과 회생훈련을 하세요.

기억훈련 6
① 간호사 → ② 눈사람 → ③ 초시계 → ④ 튤립 → ⑤ 한강
⑩ 새우 ← ⑨ 왕사탕 ← ⑧ 은행 ← ⑦ 등산 ← ⑥ 축구화

기억훈련 7
① 소라 → ② 기차 → ③ 배추 → ④ 마우스 → ⑤ 방패연
⑩ 우산 ← ⑨ 호랑나비 ← ⑧ 보름달 ← ⑦ 피아노 ← ⑥ 필름

기억훈련 8
① 보리 → ② 우표 → ③ 침대 → ④ 비디오 → ⑤ 일기장
⑩ 만화책 ← ⑨ 벽돌 ← ⑧ 방송국 ← ⑦ 인형 ← ⑥ 지팡이

기억훈련 9
① 디스켓 → ② 초콜릿 → ③ 영어책 → ④ 땅콩 → ⑤ 커피
⑩ 수건 ← ⑨ 항아리 ← ⑧ 유람선 ← ⑦ 의자 ← ⑥ 공주

기억훈련 10
① 독서대 → ② 청바지 → ③ 골프공 → ④ 버스 → ⑤ 수영장
⑩ 목걸이 ← ⑨ 대통령 ← ⑧ 사다리 ← ⑦ 맥주 ← ⑥ 팥빙수

기억 회생단계
Memory Method

4단계 기초결합 — 열 단어 10개씩 기억회생  훈련 1호

→ 결합하고 나서 1분 후에 빈 칸에 결합한 단어를 회생하여 쓰세요.
→ [회생훈련] 각 훈련 열 단어씩 훈련하여 완벽하게 결합한 단어를 다 쓰면 10점씩 합산하여 점수를 준다.

점수   점

회생훈련 6
① 간호사 ⇒ ② ⇒ ③ ⇒ ④ ⇒ ⑤
⑩ ⇐ ⑨ ⇐ ⑧ ⇐ ⑦ ⇐ ⑥

회생훈련 7
① 소라 ⇒ ② ⇒ ③ ⇒ ④ ⇒ ⑤
⑩ ⇐ ⑨ ⇐ ⑧ ⇐ ⑦ ⇐ ⑥

회생훈련 8
① 보리 ⇒ ② ⇒ ③ ⇒ ④ ⇒ ⑤
⑩ ⇐ ⑨ ⇐ ⑧ ⇐ ⑦ ⇐ ⑥

회생훈련 9
① 디스켓 ⇒ ② ⇒ ③ ⇒ ④ ⇒ ⑤
⑩ ⇐ ⑨ ⇐ ⑧ ⇐ ⑦ ⇐ ⑥

회생훈련 10
① 독서대 ⇒ ② ⇒ ③ ⇒ ④ ⇒ ⑤
⑩ ⇐ ⑨ ⇐ ⑧ ⇐ ⑦ ⇐ ⑥

4단계 기초결합 — 열 단어 10개씩 결합하기   훈련 2호

- 열 단어를 한 단어씩 연결하여 연속적으로 강하게 결합하세요.
- 예 : [기억훈련 1]을 결합하고 나서 [회생훈련 1]에 단어를 쓰세요.
- 각 기억훈련 10단어씩 나누어서 기억과 회생훈련을 하세요.

기억훈련 1
① 돌멩이 ⇒ ② 갈매기 ⇒ ③ 인삼 ⇒ ④ 학자 ⇒ ⑤ 팔씨름
⑩ 원숭이 ⇐ ⑨ 교실 ⇐ ⑧ 콩가루 ⇐ ⑦ 비누 ⇐ ⑥ 마녀

기억훈련 2
① 어린이 ⇒ ② 돌고래 ⇒ ③ 문제집 ⇒ ④ 간판 ⇒ ⑤ 자장면
⑩ 비료 ⇐ ⑨ 배추 ⇐ ⑧ 인어 ⇐ ⑦ 탱크 ⇐ ⑥ 산꼭대기

기억훈련 3
① 귀걸이 ⇒ ② 진돗개 ⇒ ③ 비닐 ⇒ ④ 미나리 ⇒ ⑤ 거지
⑩ 동산 ⇐ ⑨ 돼지 ⇐ ⑧ 탁구공 ⇐ ⑦ 동굴 ⇐ ⑥ 자물쇠

기억훈련 4
① 기차 ⇒ ② 까마귀 ⇒ ③ 소주 ⇒ ④ 여우 ⇒ ⑤ 비단
⑩ 인절미 ⇐ ⑨ 축구 ⇐ ⑧ 동대문 ⇐ ⑦ 크레파스 ⇐ ⑥ 버터

기억훈련 5
① 금메달 ⇒ ② 컵 ⇒ ③ 수건 ⇒ ④ 비둘기 ⇒ ⑤ 붓
⑩ 태극기 ⇐ ⑨ 인형 ⇐ ⑧ 가구점 ⇐ ⑦ 치마 ⇐ ⑥ 화장지

기억 회생단계
Memory Method

4단계 기초결합   열 단어 10개씩 기억회생    훈련 2호

- 결합하고 나서 1분 후에 빈 칸에 결합한 단어를 회생하여 쓰세요.
- [회생훈련] 각 훈련 열 단어씩 훈련하여 완벽하게 결합한 단어를 다 쓰면 10점씩 합산하여 점수를 준다.

점수   점

회생훈련 1
① 돌멩이 ⇒ ② ⇒ ③ ⇒ ④ ⇒ ⑤
⑩ ⇐ ⑨ ⇐ ⑧ ⇐ ⑦ ⇐ ⑥

회생훈련 2
① 어린이 ⇒ ② ⇒ ③ ⇒ ④ ⇒ ⑤
⑩ ⇐ ⑨ ⇐ ⑧ ⇐ ⑦ ⇐ ⑥

회생훈련 3
① 귀걸이 ⇒ ② ⇒ ③ ⇒ ④ ⇒ ⑤
⑩ ⇐ ⑨ ⇐ ⑧ ⇐ ⑦ ⇐ ⑥

회생훈련 4
① 기차 ⇒ ② ⇒ ③ ⇒ ④ ⇒ ⑤
⑩ ⇐ ⑨ ⇐ ⑧ ⇐ ⑦ ⇐ ⑥

회생훈련 5
① 금메달 ⇒ ② ⇒ ③ ⇒ ④ ⇒ ⑤
⑩ ⇐ ⑨ ⇐ ⑧ ⇐ ⑦ ⇐ ⑥

4단계 기초결합 — 열 단어 10개씩 결합하기  훈련 2호

- 열 단어를 한 단어씩 연결하여 연속적으로 강하게 결합하세요.
- 예 : [기억훈련 1]을 결합하고 나서 [회생훈련 1]에 단어를 쓰세요.
- 각 기억훈련 10단어씩 나누어서 기억과 회생훈련을 하세요.

기억훈련 6
① 두꺼비 ⇒ ② 돼지 ⇒ ③ 텔레비전 ⇒ ④ 분필 ⇒ ⑤ 찌게
⑩ 빌딩 ⇐ ⑨ 휴지통 ⇐ ⑧ 일기장 ⇐ ⑦ 가위 ⇐ ⑥ 독나방

기억훈련 7
① 침대 ⇒ ② 드라이버 ⇒ ③ 가야금 ⇒ ④ 양복 ⇒ ⑤ 자장면
⑩ 잉어 ⇐ ⑨ 인디언 ⇐ ⑧ 양념 ⇐ ⑦ 사과 ⇐ ⑥ 부엌

기억훈련 8
① 비상구 ⇒ ② 개나리 ⇒ ③ 동상 ⇒ ④ 메뚜기 ⇒ ⑤ 원숭이
⑩ 자루 ⇐ ⑨ 토끼 ⇐ ⑧ 바나나 ⇐ ⑦ 사랑방 ⇐ ⑥ 마이크

기억훈련 9
① 까치 ⇒ ② 자전거 ⇒ ③ 탱자나무 ⇒ ④ 왕거미 ⇒ ⑤ 바지
⑩ 도둑 ⇐ ⑨ 사슴 ⇐ ⑧ 자갈 ⇐ ⑦ 두부 ⇐ ⑥ 땅콩

기억훈련 10
① 핸드백 ⇒ ② 수류탄 ⇒ ③ 사료 ⇒ ④ 자동차 ⇒ ⑤ 가로수
⑩ 탱크 ⇐ ⑨ 두꺼비 ⇐ ⑧ 막걸리 ⇐ ⑦ 탐정 ⇐ ⑥ 연탄

Memory Method
기억 회생단계

4단계 기초결합 열 단어 10개씩 기억회생  훈련 2호

→ 결합하고 나서 1분 후에 빈 칸에 결합한 단어를 회생하여 쓰세요.
→ [회생훈련] 각 훈련 열 단어씩 훈련하여 완벽하게 결합한 단어를 다 쓰면 10점씩 합산하여 점수를 준다.

점수   점

회생훈련 6
① 두꺼비 ② ③ ④ ⑤
⑩ ⑨ ⑧ ⑦ ⑥

회생훈련 7
① 침대 ② ③ ④ ⑤
⑩ ⑨ ⑧ ⑦ ⑥

회생훈련 8
① 비상구 ② ③ ④ ⑤
⑩ ⑨ ⑧ ⑦ ⑥

회생훈련 9
① 까치 ② ③ ④ ⑤
⑩ ⑨ ⑧ ⑦ ⑥

회생훈련 10
① 핸드백 ② ③ ④ ⑤
⑩ ⑨ ⑧ ⑦ ⑥

4단계 기초결합 — 열 단어 10개씩 결합하기

훈련 3호

- 열 단어를 한 단어씩 연결하여 연속적으로 강하게 결합하세요.
- 예 : [기억훈련 1]을 결합하고 나서 [회생훈련 1]에 단어를 쓰세요.
- 각 기억훈련 10단어씩 나누어서 기억과 회생훈련을 하세요.

기억훈련 1
① 작두 ⇒ ② 고추 ⇒ ③ 개미 ⇒ ④ 드레스 ⇒ ⑤ 풍금
⑩ 잠수함 ⇐ ⑨ 사자 ⇐ ⑧ 계란 ⇐ ⑦ 토마토 ⇐ ⑥ 돌고래

기억훈련 2
① 편지봉투 ⇒ ② 레몬 ⇒ ③ 고속도로 ⇒ ④ 포장마차 ⇒ ⑤ 갈매기
⑩ 울타리 ⇐ ⑨ 파리 ⇐ ⑧ 등대 ⇐ ⑦ 벌 ⇐ ⑥ 사진관

기억훈련 3
① 거미 ⇒ ② 항공모함 ⇒ ③ 사찰 ⇒ ④ 통조림 ⇒ ⑤ 가방
⑩ 톱밥 ⇐ ⑨ 염소 ⇐ ⑧ 라일락 ⇐ ⑦ 대학 ⇐ ⑥ 잠자리

기억훈련 4
① 바나나 ⇒ ② 쌀가게 ⇒ ③ 노루 ⇒ ④ 포도 ⇒ ⑤ 바구니
⑩ 가마 ⇐ ⑨ 소년 ⇐ ⑧ 팽이 ⇐ ⑦ 거북선 ⇐ ⑥ 등잔불

기억훈련 5
① 통장 ⇒ ② 치과 ⇒ ③ 삼각자 ⇒ ④ 도자기 ⇒ ⑤ 잡채
⑩ 라디오 ⇐ ⑨ 거지 ⇐ ⑧ 동전 ⇐ ⑦ 팥죽 ⇐ ⑥ 들쥐

기억 회생단계
Memory Method

4단계 기초결합 — 열 단어 10개씩 기억회생  훈련 3호

➡ 결합하고 나서 1분 후에 빈 칸에 결합한 단어를 회생하여 쓰세요.
➡ [회생훈련] 각 훈련 열 단어씩 훈련하여 완벽하게 결합한 단어를 다 쓰면 10점씩 합산하여 점수를 준다.

점수   점

회생훈련 1
① 작두 ② ③ ④ ⑤
⑩ ⑨ ⑧ ⑦ ⑥

회생훈련 2
① 편지봉투 ② ③ ④ ⑤
⑩ ⑨ ⑧ ⑦ ⑥

회생훈련 3
① 거미 ② ③ ④ ⑤
⑩ ⑨ ⑧ ⑦ ⑥

회생훈련 4
① 바나나 ② ③ ④ ⑤
⑩ ⑨ ⑧ ⑦ ⑥

회생훈련 5
① 통장 ② ③ ④ ⑤
⑩ ⑨ ⑧ ⑦ ⑥

4단계 기초결합 — 열 단어 10개씩 결합하기

훈련 3호

- 열 단어를 한 단어씩 연결하여 연속적으로 강하게 결합하세요.
- 예 : [기억훈련 1]을 결합하고 나서 [회생훈련 1]에 단어를 쓰세요.
- 각 기억훈련 10단어씩 나누어서 기억과 회생훈련을 하세요.

기억훈련 6
① 건전지 ⇒ ② 마구간 ⇒ ③ 교장 ⇒ ④ 도시락 ⇒ ⑤ 기생충
⑩ 잡지 ⇐ ⑨ 하수구 ⇐ ⑧ 장군 ⇐ ⑦ 쌍둥이 ⇐ ⑥ 왕자

기억훈련 7
① 책상 ⇒ ② 무지개 ⇒ ③ 안경 ⇒ ④ 필통 ⇒ ⑤ 외삼촌
⑩ 리본 ⇐ ⑨ 검사 ⇐ ⑧ 황새 ⇐ ⑦ 잣나무 ⇐ ⑥ 손수레

기억훈련 8
① 새색시 ⇒ ② 풍선 ⇒ ③ 참새 ⇒ ④ 거울 ⇒ ⑤ 하늘
⑩ 매미 ⇐ ⑨ 피아노 ⇐ ⑧ 마이크 ⇐ ⑦ 눈사람 ⇐ ⑥ 어머니

기억훈련 9
① 선생님 ⇒ ② 타조 ⇒ ③ 경마 ⇒ ④ 마늘 ⇒ ⑤ 휴지
⑩ 하마 ⇐ ⑨ 수돗물 ⇐ ⑧ 악마 ⇐ ⑦ 새장 ⇐ ⑥ 장미꽃

기억훈련 10
① 발가락 ⇒ ② 장기판 ⇒ ③ 도장 ⇒ ④ 돌부처 ⇒ ⑤ 계단
⑩ 고추장 ⇐ ⑨ 새우 ⇐ ⑧ 과장 ⇐ ⑦ 화장품 ⇐ ⑥ 마늘

29

기억 회생단계
Memory Method

4단계 기초결합 — 열 단어 10개씩 기억회생   훈련 3호

- 결합하고 나서 1분 후에 빈 칸에 결합한 단어를 회생하여 쓰세요.
- [회생훈련] 각 훈련 열 단어씩 훈련하여 완벽하게 결합한 단어를 다 쓰면 10점씩 합산하여 점수를 준다.

점수   점

회생훈련 6
① 건전지 ② ③ ④ ⑤
⑩ ⑨ ⑧ ⑦ ⑥

회생훈련 7
① 책상 ② ③ ④ ⑤
⑩ ⑨ ⑧ ⑦ ⑥

회생훈련 8
① 새색시 ② ③ ④ ⑤
⑩ ⑨ ⑧ ⑦ ⑥

회생훈련 9
① 선생님 ② ③ ④ ⑤
⑩ ⑨ ⑧ ⑦ ⑥

회생훈련 10
① 발가락 ② ③ ④ ⑤
⑩ ⑨ ⑧ ⑦ ⑥

4단계 기초결합 — 열 단어 10개씩 결합하기

훈련 4호

- 열 단어를 한 단어씩 연결하여 연속적으로 강하게 결합하세요.
- 예 : [기억훈련 1]을 결합하고 나서 [회생훈련 1]에 단어를 쓰세요.
- 각 기억훈련 10단어씩 나누어서 기억과 회생훈련을 하세요.

기억훈련 1
① 장어 ⇒ ② 서당 ⇒ ③ 교복 ⇒ ④ 배꼽 ⇒ ⑤ 목걸이
⑩ 전철 ⇐ ⑨ 물 ⇐ ⑧ 계산기 ⇐ ⑦ 막걸리 ⇐ ⑥ 학생

기억훈련 2
① 고등어 ⇒ ② 수세미 ⇒ ③ 화장실 ⇒ ④ 석류 ⇒ ⑤ 가족
⑩ 담배 ⇐ ⑨ 왕개미 ⇐ ⑧ 망원경 ⇐ ⑦ 방앗간 ⇐ ⑥ 전구

기억훈련 3
① 저울 ⇒ ② 멧돼지 ⇒ ③ 대감 ⇒ ④ 고궁 ⇒ ⑤ 만화
⑩ 마차 ⇐ ⑨ 맥주 ⇐ ⑧ 설악산 ⇐ ⑦ 하모니카 ⇐ ⑥ 탐정

기억훈련 4
① 한국은행 ⇒ ② 고래 ⇒ ③ 저고리 ⇒ ④ 맷돌 ⇒ ⑤ 손
⑩ 계산기 ⇐ ⑨ 리어카 ⇐ ⑧ 모기 ⇐ ⑦ 상장 ⇐ ⑥ 난로

기억훈련 5
① 학원 ⇒ ② 저고리 ⇒ ③ 말똥 ⇒ ④ 고인돌 ⇒ ⑤ 달팽이
⑩ 성냥갑 ⇐ ⑨ 쌀 ⇐ ⑧ 학교 ⇐ ⑦ 상품 ⇐ ⑥ 전화기

기억 회생단계
Memory Method

4단계 기초결합　　열 단어 10개씩 **기억회생**　　　　훈련 4호

➡ 결합하고 나서 1분 후에 빈 칸에 결합한 단어를 회생하여 쓰세요.
➡ [회생훈련] 각 훈련 열 단어씩 훈련하여 완벽하게 결합한 단어를 다 쓰면 10점씩 합산하여 점수를 준다.

점수　　　점

회생훈련 1
① 장어 ⇒ ② ⇒ ③ ⇒ ④ ⇒ ⑤
⑩ ⇐ ⑨ ⇐ ⑧ ⇐ ⑦ ⇐ ⑥ ⇓

회생훈련 2
① 고등어 ⇒ ② ⇒ ③ ⇒ ④ ⇒ ⑤
⑩ ⇐ ⑨ ⇐ ⑧ ⇐ ⑦ ⇐ ⑥ ⇓

회생훈련 3
① 저울 ⇒ ② ⇒ ③ ⇒ ④ ⇒ ⑤
⑩ ⇐ ⑨ ⇐ ⑧ ⇐ ⑦ ⇐ ⑥ ⇓

회생훈련 4
① 한국은행 ⇒ ② ⇒ ③ ⇒ ④ ⇒ ⑤
⑩ ⇐ ⑨ ⇐ ⑧ ⇐ ⑦ ⇐ ⑥ ⇓

회생훈련 5
① 학원 ⇒ ② ⇒ ③ ⇒ ④ ⇒ ⑤
⑩ ⇐ ⑨ ⇐ ⑧ ⇐ ⑦ ⇐ ⑥ ⇓

4단계 기초결합 — 열 단어 10개씩 결합하기  훈련 4호

- 열 단어를 한 단어씩 연결하여 연속적으로 강하게 결합하세요.
- 예 : [기억훈련 1]을 결합하고 나서 [회생훈련 1]에 단어를 쓰세요.
- 각 기억훈련 10단어씩 나누어서 기억과 회생훈련을 하세요.

기억훈련 6
① 전화기 → ② 맹꽁이 → ③ 거지 → ④ 세탁기 → ⑤ 의자
⑩ 조랑말 ← ⑨ 오토바이 ← ⑧ 고추 ← ⑦ 수족관 ← ⑥ 군함

기억훈련 7
① 한약방 → ② 제비 → ③ 자동차 → ④ 소 → ⑤ 종이
⑩ 감자 ← ⑨ 공주 ← ⑧ 멍석 ← ⑦ 김치 ← ⑥ 텔런트

기억훈련 8
① 열쇠 → ② 교통순경 → ③ 트로피 → ④ 상표 → ⑤ 별
⑩ 소주 ← ⑨ 미용실 ← ⑧ 할머니 ← ⑦ 맹인 ← ⑥ 대학

기억훈련 9
① 꿀 → ② 소금 → ③ 아가미 → ④ 샴푸 → ⑤ 꽃게
⑩ 조각배 ← ⑨ 오뚝이 ← ⑧ 구두 ← ⑦ 면도칼 ← ⑥ 실

기억훈련 10
① 구름 → ② 메뚜기 → ③ 잔디 → ④ 설탕 → ⑤ 테이블
⑩ 지구 ← ⑨ 보름달 ← ⑧ 사진기 ← ⑦ 운동장 ← ⑥ 축구공

기억 회생단계
Memory Method

4단계 기초결합 열 단어 10개씩 기억회생  훈련 4호

➡ 결합하고 나서 1분 후에 빈 칸에 결합한 단어를 회생하여 쓰세요.
➡ [회생훈련] 각 훈련 열 단어씩 훈련하여 완벽하게 결합한 단어를 다 쓰면 10점씩 합산하여 점수를 준다.

점수   점

회생훈련 6
① 전화기 ➡ ② ➡ ③ ➡ ④ ➡ ⑤
⑩ ⬅ ⑨ ⬅ ⑧ ⬅ ⑦ ⬅ ⑥ ⬇

회생훈련 7
① 한약방 ➡ ② ➡ ③ ➡ ④ ➡ ⑤
⑩ ⬅ ⑨ ⬅ ⑧ ⬅ ⑦ ⬅ ⑥ ⬇

회생훈련 8
① 열쇠 ➡ ② ➡ ③ ➡ ④ ➡ ⑤
⑩ ⬅ ⑨ ⬅ ⑧ ⬅ ⑦ ⬅ ⑥ ⬇

회생훈련 9
① 꿀 ➡ ② ➡ ③ ➡ ④ ➡ ⑤
⑩ ⬅ ⑨ ⬅ ⑧ ⬅ ⑦ ⬅ ⑥ ⬇

회생훈련 10
① 구름 ➡ ② ➡ ③ ➡ ④ ➡ ⑤
⑩ ⬅ ⑨ ⬅ ⑧ ⬅ ⑦ ⬅ ⑥ ⬇

4단계 기초결합 — 열 단어 10개씩 결합하기　　훈련 5호

- 열 단어를 한 단어씩 연결하여 연속적으로 강하게 결합하세요.
- 예 : [기억훈련 1]을 결합하고 나서 [회생훈련 1]에 단어를 쓰세요.
- 각 기억훈련 10단어씩 나누어서 기억과 회생훈련을 하세요.

기억훈련 1
① 철사 → ② 해병대 → ③ 벽돌 → ④ 손가락 → ⑤ 구두약
⑩ 수영 ← ⑨ 파리 ← ⑧ 멸치 ← ⑦ 바다 ← ⑥ 컴퓨터

기억훈련 2
① 해녀 → ② 구슬 → ③ 반지 → ④ 항공기 → ⑤ 사이다
⑩ 시냇물 ← ⑨ 송아지 ← ⑧ 달력 ← ⑦ 명암 ← ⑥ 페인트

기억훈련 3
① 조약돌 → ② 가위 → ③ 박물관 → ④ 스파이 → ⑤ 충치
⑩ 모기 ← ⑨ 인형 ← ⑧ 연못 ← ⑦ 솥 ← ⑥ 해삼

기억훈련 4
① 공원 → ② 족두리 → ③ 나비 → ④ 할머니 → ⑤ 옷걸이
⑩ 송사리 ← ⑨ 지옥 ← ⑧ 모래밭 ← ⑦ 상품 ← ⑥ 가죽

기억훈련 5
① 고무 → ② 버섯 → ③ 거북이 → ④ 묘지 → ⑤ 자석
⑩ 해바라기 ← ⑨ 모자 ← ⑧ 족제비 ← ⑦ 수박 ← ⑥ 뚜껑

기억 회생단계
Memory Method

4단계 기초결합 열 단어 10개씩 기억회생  훈련 5호

- 결합하고 나서 1분 후에 빈 칸에 결합한 단어를 회생하여 쓰세요.
- [회생훈련] 각 훈련 열 단어씩 훈련하여 완벽하게 결합한 단어를 다 쓰면 10점씩 합산하여 점수를 준다.

점수   점

회생훈련 1
① 철사 ② ③ ④ ⑤
⑩ ⑨ ⑧ ⑦ ⑥

회생훈련 2
① 해녀 ② ③ ④ ⑤
⑩ ⑨ ⑧ ⑦ ⑥

회생훈련 3
① 조약돌 ② ③ ④ ⑤
⑩ ⑨ ⑧ ⑦ ⑥

회생훈련 4
① 공원 ② ③ ④ ⑤
⑩ ⑨ ⑧ ⑦ ⑥

회생훈련 5
① 고무 ② ③ ④ ⑤
⑩ ⑨ ⑧ ⑦ ⑥

열 단어 10개씩 결합하기

4단계 기초결합 열 단어 10개씩 결합하기  훈련 5호

➡ 열 단어를 한 단어씩 연결하여 연속적으로 강하게 결합하세요.
➡ 예 : [기억훈련 1]을 결합하고 나서 [회생훈련 1]에 단어를 쓰세요.
➡ 각 기억훈련 10단어씩 나누어서 기억과 회생훈련을 하세요.

기억훈련 6
① 장화 ⇨ ② 공 ⇨ ③ 목구멍 ⇨ ④ 우동 ⇨ ⑤ 시금치
⑩ 종 ⇦ ⑨ 국회의원 ⇦ ⑧ 빙산 ⇦ ⑦ 수제비 ⇦ ⑥ 송아지

기억훈련 7
① 수염 ⇨ ② 처녀 ⇨ ③ 목사 ⇨ ④ 스타킹 ⇨ ⑤ 바위
⑩ 김장 ⇦ ⑨ 고래 ⇦ ⑧ 화분 ⇦ ⑦ 생강 ⇦ ⑥ 군인

기억훈련 8
① 군함 ⇨ ② 제비 ⇨ ③ 수표 ⇨ ④ 호랑이 ⇨ ⑤ 교회
⑩ 허수아비 ⇦ ⑨ 백설공주 ⇦ ⑧ 병원 ⇦ ⑦ 무궁화 ⇦ ⑥ 송아지

기억훈련 9
① 타이어 ⇨ ② 주사기 ⇨ ③ 궁녀 ⇨ ④ 사슴 ⇨ ⑤ 밤나무
⑩ 목도리 ⇦ ⑨ 망치 ⇦ ⑧ 숟가락 ⇦ ⑦ 주전자 ⇦ ⑥ 낫

기억훈련 10
① 졸업장 ⇨ ② 호주머니 ⇨ ③ 코스모스 ⇨ ④ 목장 ⇨ ⑤ 캠프
⑩ 주머니 ⇦ ⑨ 귀걸이 ⇦ ⑧ 향나무 ⇦ ⑦ 삼촌 ⇦ ⑥ 해적선

기억 회생단계
Memory Method

4단계 기초결합 열 단어 10개씩 기억회생 훈련 5호

- 결합하고 나서 1분 후에 빈 칸에 결합한 단어를 회생하여 쓰세요.
- [회생훈련] 각 훈련 열 단어씩 훈련하여 완벽하게 결합한 단어를 다 쓰면 10점씩 합산하여 점수를 준다.

점수　　　점

회생훈련 6
① 장화 → ② → ③ → ④ → ⑤
⑩ ← ⑨ ← ⑧ ← ⑦ ← ⑥ ↓

회생훈련 7
① 수염 → ② → ③ → ④ → ⑤
⑩ ← ⑨ ← ⑧ ← ⑦ ← ⑥ ↓

회생훈련 8
① 군함 → ② → ③ → ④ → ⑤
⑩ ← ⑨ ← ⑧ ← ⑦ ← ⑥ ↓

회생훈련 9
① 타이어 → ② → ③ → ④ → ⑤
⑩ ← ⑨ ← ⑧ ← ⑦ ← ⑥ ↓

회생훈련 10
① 졸업장 → ② → ③ → ④ → ⑤
⑩ ← ⑨ ← ⑧ ← ⑦ ← ⑥ ↓

4단계 기초결합 — 열 단어 10개씩 결합하기  훈련 6호

- 열 단어를 한 단어씩 연결하여 연속적으로 강하게 결합하세요.
- 예 : [기억훈련 1]을 결합하고 나서 [회생훈련 1]에 단어를 쓰세요.
- 각 기억훈련 10단어씩 나누어서 기억과 회생훈련을 하세요.

기억훈련 1
① 지도 → ② 반찬 → ③ 무당 → ④ 줄넘기 → ⑤ 여우
⑩ 귀뚜라미 ← ⑨ 식당 ← ⑧ 약 ← ⑦ 침대 ← ⑥ 송사리

기억훈련 2
① 까마귀 → ② 현미경 → ③ 귀신 → ④ 문고리 → ⑤ 털모자
⑩ 연탄 ← ⑨ 국민 ← ⑧ 시장 ← ⑦ 학교 ← ⑥ 악기

기억훈련 3
① 예수님 → ② 아이스크림 → ③ 싱크대 → ④ 공동묘지 → ⑤ 핸드백
⑩ 주차장 ← ⑨ 그네 ← ⑧ 아침 ← ⑦ 팽이 ← ⑥ 무대

기억훈련 4
① 신문지 → ② 껌 → ③ 아버지 → ④ 프라이팬 → ⑤ 굼벵이
⑩ 면사포 ← ⑨ 호랑이 ← ⑧ 그릇 ← ⑦ 장미 ← ⑥ 아궁이

기억훈련 5
① 총 → ② 인어 → ③ 의자 → ④ 무지개 → ⑤ 자장면
⑩ 중학생 ← ⑨ 그림물감 ← ⑧ 원장님 ← ⑦ 지팡이 ← ⑥ 실내화

기억 회생단계 Memory Method

4단계 기초결합 열 단어 10개씩 기억회생  훈련 6호

➡ 결합하고 나서 1분 후에 빈 칸에 결합한 단어를 회생하여 쓰세요.
➡ [회생훈련] 각 훈련 열 단어씩 훈련하여 완벽하게 결합한 단어를 다 쓰면 10점씩 합산하여 점수를 준다.

점수   점

회생훈련 1
① 지도 ⇒ ② ⇒ ③ ⇒ ④ ⇒ ⑤
⑩ ⇐ ⑨ ⇐ ⑧ ⇐ ⑦ ⇐ ⑥ ⬇

회생훈련 2
① 까마귀 ⇒ ② ⇒ ③ ⇒ ④ ⇒ ⑤
⑩ ⇐ ⑨ ⇐ ⑧ ⇐ ⑦ ⇐ ⑥ ⬇

회생훈련 3
① 예수님 ⇒ ② ⇒ ③ ⇒ ④ ⇒ ⑤
⑩ ⇐ ⑨ ⇐ ⑧ ⇐ ⑦ ⇐ ⑥ ⬇

회생훈련 4
① 신문지 ⇒ ② ⇒ ③ ⇒ ④ ⇒ ⑤
⑩ ⇐ ⑨ ⇐ ⑧ ⇐ ⑦ ⇐ ⑥ ⬇

회생훈련 5
① 총 ⇒ ② ⇒ ③ ⇒ ④ ⇒ ⑤
⑩ ⇐ ⑨ ⇐ ⑧ ⇐ ⑦ ⇐ ⑥ ⬇

4단계 기초결합 — 열 단어 10개씩 결합하기  훈련 6호

- 열 단어를 한 단어씩 연결하여 연속적으로 강하게 결합하세요.
- 예 : [기억훈련 1]을 결합하고 나서 [회생훈련 1]에 단어를 쓰세요.
- 각 기억훈련 10단어씩 나누어서 기억과 회생훈련을 하세요.

기억훈련 6
① 면도기 ⇨ ② 이모 ⇨ ③ 암석 ⇨ ④ 전봇대 ⇨ ⑤ 문어 ⇩
⑩ 글씨 ⇦ ⑨ 포장마차 ⇦ ⑧ 두루미 ⇦ ⑦ 진주 ⇦ ⑥ 짐차

기억훈련 7
① 그림책 ⇨ ② 휴지통 ⇨ ③ 토끼 ⇨ ④ 파이프 ⇨ ⑤ 해삼 ⇩
⑩ 자전거 ⇦ ⑨ 수도 ⇦ ⑧ 치마 ⇦ ⑦ 문풍지 ⇦ ⑥ 물오리

기억훈련 8
① 지휘봉 ⇨ ② 마당 ⇨ ③ 조개 ⇨ ④ 난로 ⇨ ⑤ 공군 ⇩
⑩ 수건 ⇦ ⑨ 황소 ⇦ ⑧ 금고 ⇦ ⑦ 스케치북 ⇦ ⑥ 사진

기억훈련 9
① 감나무 ⇨ ② 물레방아 ⇨ ③ 머루 ⇨ ④ 애벌레 ⇨ ⑤ 도마 ⇩
⑩ 도화지 ⇦ ⑨ 목욕탕 ⇦ ⑧ 안개 ⇦ ⑦ 그림자 ⇦ ⑥ 진돗개

기억훈련 10
① 탤런트 ⇨ ② 가마 ⇨ ③ 물소 ⇨ ④ 땅콩 ⇨ ⑤ 거문고 ⇩
⑩ 극장 ⇦ ⑨ 지폐 ⇦ ⑧ 비석 ⇦ ⑦ 앵두나무 ⇦ ⑥ 호랑나비

기억 회생단계
Memory Method

4단계 기초결합 열 단어 10개씩 기억회생 훈련 6호

→ 결합하고 나서 1분 후에 빈 칸에 결합한 단어를 회생하여 쓰세요.
→ [회생훈련] 각 훈련 열 단어씩 훈련하여 완벽하게 결합한 단어를 다 쓰면 10점씩 합산하여 점수를 준다.

점수 ___ 점

회생훈련 6
① 면도기 ⇒ ② ___ ⇒ ③ ___ ⇒ ④ ___ ⇒ ⑤ ___
⑩ ___ ⇐ ⑨ ___ ⇐ ⑧ ___ ⇐ ⑦ ___ ⇐ ⑥ ___

회생훈련 7
① 그림책 ⇒ ② ___ ⇒ ③ ___ ⇒ ④ ___ ⇒ ⑤ ___
⑩ ___ ⇐ ⑨ ___ ⇐ ⑧ ___ ⇐ ⑦ ___ ⇐ ⑥ ___

회생훈련 8
① 지휘봉 ⇒ ② ___ ⇒ ③ ___ ⇒ ④ ___ ⇒ ⑤ ___
⑩ ___ ⇐ ⑨ ___ ⇐ ⑧ ___ ⇐ ⑦ ___ ⇐ ⑥ ___

회생훈련 9
① 감나무 ⇒ ② ___ ⇒ ③ ___ ⇒ ④ ___ ⇒ ⑤ ___
⑩ ___ ⇐ ⑨ ___ ⇐ ⑧ ___ ⇐ ⑦ ___ ⇐ ⑥ ___

회생훈련 10
① 탤런트 ⇒ ② ___ ⇒ ③ ___ ⇒ ④ ___ ⇒ ⑤ ___
⑩ ___ ⇐ ⑨ ___ ⇐ ⑧ ___ ⇐ ⑦ ___ ⇐ ⑥ ___

4단계 기초결합 — 열 단어 10개씩 결합하기

훈련 7호

- 열 단어를 한 단어씩 연결하여 연속적으로 강하게 결합하세요.
- 예 : [기억훈련 1]을 결합하고 나서 [회생훈련 1]에 단어를 쓰세요.
- 각 기억훈련 10단어씩 나누어서 기억과 회생훈련을 하세요.

기억훈련 ①
① 양계장 → ② 레슬링 → ③ 모자 → ④ 금반지 → ⑤ 뻐꾸기 ↓
⑩ 약초 ← ⑨ 미꾸라지 ← ⑧ 냄비 ← ⑦ 카우보이 ← ⑥ 피아노

기억훈련 ②
① 어머니 → ② 기관차 → ③ 백과사전 → ④ 박쥐 → ⑤ 공중 ↓
⑩ 뱀 ← ⑨ 약수터 ← ⑧ 가위 ← ⑦ 미나리 ← ⑥ 컴퓨터

기억훈련 ③
① 운동화 → ② 폭풍 → ③ 기러기 → ④ 군밤 → ⑤ 떡국 ↓
⑩ 앵무새 ← ⑨ 호랑이 ← ⑧ 짚신 ← ⑦ 바구니 ← ⑥ 어부

기억훈련 ④
① 기숙사 → ② 찬장 → ③ 어항 → ④ 물오리 → ⑤ 돗자리 ↓
⑩ 이슬비 ← ⑨ 아버지 ← ⑧ 밀짚모자 ← ⑦ 야구장 ← ⑥ 무

기억훈련 ⑤
① 어린아이 → ② 그릇 → ③ 김 → ④ 설탕 → ⑤ 칫솔 ↓
⑩ 약국 ← ⑨ 사료 ← ⑧ 대나무 ← ⑦ 바늘 ← ⑥ 고추

43

기억 회생단계
Memory Method

4단계 기초결합 열 단어 10개씩 기억회생  훈련 7호

➡ 결합하고 나서 1분 후에 빈 칸에 결합한 단어를 회생하여 쓰세요.
➡ [회생훈련] 각 훈련 열 단어씩 훈련하여 완벽하게 결합한 단어를 다 쓰면 10점씩 합산하여 점수를 준다.

점수　　점

회생훈련 1
① 양계장 ➡ ② ➡ ③ ➡ ④ ➡ ⑤
⑩ ⬅ ⑨ ⬅ ⑧ ⬅ ⑦ ⬅ ⑥ ⬇

회생훈련 2
① 어머니 ➡ ② ➡ ③ ➡ ④ ➡ ⑤
⑩ ⬅ ⑨ ⬅ ⑧ ⬅ ⑦ ⬅ ⑥ ⬇

회생훈련 3
① 운동화 ➡ ② ➡ ③ ➡ ④ ➡ ⑤
⑩ ⬅ ⑨ ⬅ ⑧ ⬅ ⑦ ⬅ ⑥ ⬇

회생훈련 4
① 기숙사 ➡ ② ➡ ③ ➡ ④ ➡ ⑤
⑩ ⬅ ⑨ ⬅ ⑧ ⬅ ⑦ ⬅ ⑥ ⬇

회생훈련 5
① 어린아이 ➡ ② ➡ ③ ➡ ④ ➡ ⑤
⑩ ⬅ ⑨ ⬅ ⑧ ⬅ ⑦ ⬅ ⑥ ⬇

열 단어 10개씩 결합하기

4단계 기초결합 — 열 단어 10개씩 결합하기 — 훈련 7호

- 열 단어를 한 단어씩 연결하여 연속적으로 강하게 결합하세요.
- 예 : [기억훈련 1]을 결합하고 나서 [회생훈련 1]에 단어를 쓰세요.
- 각 기억훈련 10단어씩 나누어서 기억과 회생훈련을 하세요.

기억훈련 6
① 참외 ⇒ ② 맹꽁이 ⇒ ③ 바다 ⇒ ④ 여우 ⇒ ⑤ 참기름
⑩ 얼음 ⇐ ⑨ 나그네 ⇐ ⑧ 휘발유 ⇐ ⑦ 연극 ⇐ ⑥ 방석

기억훈련 7
① 이슬 ⇒ ② 공항 ⇒ ③ 엉덩이 ⇒ ④ 코미디 ⇒ ⑤ 가시
⑩ 플라스틱 ⇐ ⑨ 바둑판 ⇐ ⑧ 나막신 ⇐ ⑦ 구더기 ⇐ ⑥ 이불

기억훈련 8
① 나무 ⇒ ② 꼴뚜기 ⇒ ③ 찰떡 ⇒ ④ 매미 ⇒ ⑤ 사공
⑩ 창고 ⇐ ⑨ 두더지 ⇐ ⑧ 박쥐 ⇐ ⑦ 여자 ⇐ ⑥ 밤나무

기억훈련 9
① 흑인 ⇒ ② 여왕 ⇒ ③ 넥타이 ⇒ ④ 눈물 ⇒ ⑤ 참깨
⑩ 방청객 ⇐ ⑨ 무기 ⇐ ⑧ 성냥 ⇐ ⑦ 석탄 ⇐ ⑥ 선생님

기억훈련 10
① 형광등 ⇒ ② 나침판 ⇒ ③ 강아지 ⇒ ④ 여객선 ⇒ ⑤ 꽹과리
⑩ 찰흙 ⇐ ⑨ 포도 ⇐ ⑧ 음료수 ⇐ ⑦ 방앗간 ⇐ ⑥ 어부

Memory Method
기억 회생단계

4단계 기초결합 — 열 단어 10개씩 기억회생  훈련 7호

➡ 결합하고 나서 1분 후에 빈 칸에 결합한 단어를 회생하여 쓰세요.
➡ [회생훈련] 각 훈련 열 단어씩 훈련하여 완벽하게 결합한 단어를 다 쓰면 10점씩 합산하여 점수를 준다.

점수   점

회생훈련 6
① 참외 ⇒ ② ⇒ ③ ⇒ ④ ⇒ ⑤ ⇩
⑩ ⇐ ⑨ ⇐ ⑧ ⇐ ⑦ ⇐ ⑥

회생훈련 7
① 이슬 ⇒ ② ⇒ ③ ⇒ ④ ⇒ ⑤ ⇩
⑩ ⇐ ⑨ ⇐ ⑧ ⇐ ⑦ ⇐ ⑥

회생훈련 8
① 나무 ⇒ ② ⇒ ③ ⇒ ④ ⇒ ⑤ ⇩
⑩ ⇐ ⑨ ⇐ ⑧ ⇐ ⑦ ⇐ ⑥

회생훈련 9
① 흑인 ⇒ ② ⇒ ③ ⇒ ④ ⇒ ⑤ ⇩
⑩ ⇐ ⑨ ⇐ ⑧ ⇐ ⑦ ⇐ ⑥

회생훈련 10
① 형광등 ⇒ ② ⇒ ③ ⇒ ④ ⇒ ⑤ ⇩
⑩ ⇐ ⑨ ⇐ ⑧ ⇐ ⑦ ⇐ ⑥

열 단어 10개씩 결합하기

4단계 기초결합 열 단어 10개씩 **결합하기**  훈련 8호

- 열 단어를 한 단어씩 연결하여 연속적으로 강하게 결합하세요.
- 예 : [기억훈련 1]을 결합하고 나서 [회생훈련 1]에 단어를 쓰세요.
- 각 기억훈련 10단어씩 나누어서 기억과 회생훈련을 하세요.

기억훈련 1
① 프로야구 ⇒ ② 연극 ⇒ ③ 곤장 ⇒ ④ 연필 ⇒ ⑤ 나팔
⑩ 배구공 ⇐ ⑨ 창문 ⇐ ⑧ 탁구공 ⇐ ⑦ 사과 ⇐ ⑥ 도둑

기억훈련 2
① 책꽂이 ⇒ ② 주판 ⇒ ③ 성냥 ⇒ ④ 낙엽 ⇒ ⑤ 메뚜기
⑩ 채송화 ⇐ ⑨ 트럭 ⇐ ⑧ 배추 ⇐ ⑦ 약사 ⇐ ⑥ 버섯

기억훈련 3
① 낙지 ⇒ ② 톱 ⇒ ③ 소년 ⇒ ④ 열차 ⇒ ⑤ 황소
⑩ 색종이 ⇐ ⑨ 그림엽서 ⇐ ⑧ 버드나무 ⇐ ⑦ 로봇 ⇐ ⑥ 혁대

기억훈련 4
① 시장 ⇒ ② 마패 ⇒ ③ 백지 ⇒ ④ 멸치 ⇒ ⑤ 에디슨
⑩ 책상 ⇐ ⑨ 엽전 ⇐ ⑧ 지하철 ⇐ ⑦ 운동화 ⇐ ⑥ 낙타

기억훈련 5
① 처녀 ⇒ ② 저수지 ⇒ ③ 낚시대 ⇒ ④ 초콜릿 ⇒ ⑤ 염소
⑩ 석가모니 ⇐ ⑨ 뱀장어 ⇐ ⑧ 돌팔이 ⇐ ⑦ 엽서 ⇐ ⑥ 담배

기억 회생단계
Memory Method

4단계 기초결합 — 열 단어 10개씩 기억회생  훈련 8호

➡ 결합하고 나서 1분 후에 빈 칸에 결합한 단어를 회생하여 쓰세요.
➡ [회생훈련] 각 훈련 열 단어씩 훈련하여 완벽하게 결합한 단어를 다 쓰면 10점씩 합산하여 점수를 준다.

점수 [   ] 점

회생훈련 1
① 프로야구 ➡ ② ➡ ③ ➡ ④ ➡ ⑤
⑩ ⬅ ⑨ ⬅ ⑧ ⬅ ⑦ ⬅ ⑥ ⬇

회생훈련 2
① 책꽂이 ➡ ② ➡ ③ ➡ ④ ➡ ⑤
⑩ ⬅ ⑨ ⬅ ⑧ ⬅ ⑦ ⬅ ⑥ ⬇

회생훈련 3
① 낙지 ➡ ② ➡ ③ ➡ ④ ➡ ⑤
⑩ ⬅ ⑨ ⬅ ⑧ ⬅ ⑦ ⬅ ⑥ ⬇

회생훈련 4
① 시장 ➡ ② ➡ ③ ➡ ④ ➡ ⑤
⑩ ⬅ ⑨ ⬅ ⑧ ⬅ ⑦ ⬅ ⑥ ⬇

회생훈련 5
① 처녀 ➡ ② ➡ ③ ➡ ④ ➡ ⑤
⑩ ⬅ ⑨ ⬅ ⑧ ⬅ ⑦ ⬅ ⑥ ⬇

4단계 기초결합 — 열 단어 10개씩 결합하기   훈련 8호

- 열 단어를 한 단어씩 연결하여 연속적으로 강하게 결합하세요.
- 예 : [기억훈련 1]을 결합하고 나서 [회생훈련 1]에 단어를 쓰세요.
- 각 기억훈련 10단어씩 나누어서 기억과 회생훈련을 하세요.

기억훈련 6
① 버스 ⇒ ② 해적 ⇒ ③ 영화배우 ⇒ ④ 구름 ⇒ ⑤ 거울
⑩ 바위 ⇐ ⑨ 낙엽 ⇐ ⑧ 부채 ⇐ ⑦ 날개 ⇐ ⑥ 책상

기억훈련 7
① 천재 ⇒ ② 번개 ⇒ ③ 풍선 ⇒ ④ 오뚝이 ⇒ ⑤ 트럭
⑩ 엿가래 ⇐ ⑨ 안경 ⇐ ⑧ 남극 ⇐ ⑦ 태극기 ⇐ ⑥ 거북이

기억훈련 8
① 백두산 ⇒ ② 사진 ⇒ ③ 장군 ⇒ ④ 의사 ⇒ ⑤ 거리
⑩ 칼 ⇐ ⑨ 벌집 ⇐ ⑧ 천막 ⇐ ⑦ 영수증 ⇐ ⑥ 말

기억훈련 9
① 철교 ⇒ ② 네온사인 ⇒ ③ 송편 ⇒ ④ 오징어 ⇒ ⑤ 망원경
⑩ 꾀꼬리 ⇐ ⑨ 냉장고 ⇐ ⑧ 오이 ⇐ ⑦ 노루 ⇐ ⑥ 벙어리

기억훈련 10
① 측우기 ⇒ ② 노총각 ⇒ ③ 은행 ⇒ ④ 미녀 ⇒ ⑤ 철판
⑩ 옥수수 ⇐ ⑨ 전기 ⇐ ⑧ 벚꽃 ⇐ ⑦ 나방 ⇐ ⑥ 이마

기억 회생단계
Memory Method

4단계 기초결합 　열 단어 10개씩 기억회생　　훈련 8호

➡ 결합하고 나서 1분 후에 빈 칸에 결합한 단어를 회생하여 쓰세요.
➡ [회생훈련] 각 훈련 열 단어씩 훈련하여 완벽하게 결합한 단어를 다 쓰면 10점씩 합산하여 점수를 준다.

점수　　점

회생훈련 6
① 버스 ➡ ② ➡ ③ ➡ ④ ➡ ⑤
⑩ ⬅ ⑨ ⬅ ⑧ ⬅ ⑦ ⬅ ⑥ ⬇

회생훈련 7
① 천재 ➡ ② ➡ ③ ➡ ④ ➡ ⑤
⑩ ⬅ ⑨ ⬅ ⑧ ⬅ ⑦ ⬅ ⑥ ⬇

회생훈련 8
① 백두산 ➡ ② ➡ ③ ➡ ④ ➡ ⑤
⑩ ⬅ ⑨ ⬅ ⑧ ⬅ ⑦ ⬅ ⑥ ⬇

회생훈련 9
① 철교 ➡ ② ➡ ③ ➡ ④ ➡ ⑤
⑩ ⬅ ⑨ ⬅ ⑧ ⬅ ⑦ ⬅ ⑥ ⬇

회생훈련 10
① 측우기 ➡ ② ➡ ③ ➡ ④ ➡ ⑤
⑩ ⬅ ⑨ ⬅ ⑧ ⬅ ⑦ ⬅ ⑥ ⬇

4단계 기초결합 — 열 단어 10개씩 결합하기 훈련 9호

- 열 단어를 한 단어씩 연결하여 연속적으로 강하게 결합하세요.
- 예 : [기억훈련 1]을 결합하고 나서 [회생훈련 1]에 단어를 쓰세요.
- 각 기억훈련 10단어씩 나누어서 기억과 회생훈련을 하세요.

기억훈련 1
① 청개구리 ② 방망이 ③ 외투 ④ 거품 ⑤ 석유
⑩ 촛불 ⑨ 베개 ⑧ 장갑 ⑦ 농구화 ⑥ 휴지

기억훈련 2
① 짐수레 ② 농장 ③ 올빼미 ④ 화살 ⑤ 부모
⑩ 가방 ⑨ 라디오 ⑧ 산수 ⑦ 학교 ⑥ 왕관

기억훈련 3
① 학생 ② 뼈다귀 ③ 치마 ④ 도시락 ⑤ 저울
⑩ 사진 ⑨ 장관 ⑧ 옷걸이 ⑦ 저고리 ⑥ 누에

기억훈련 4
① 번데기 ② 늑대 ③ 경찰 ④ 왕거미 ⑤ 벌레
⑩ 옹달샘 ⑨ 축구공 ⑧ 난쟁이 ⑦ 벼락 ⑥ 식탁

기억훈련 5
① 장롱 ② 폭탄 ③ 초가집 ④ 포도 ⑤ 다시마
⑩ 요강 ⑨ 벼루 ⑧ 난로 ⑦ 김 ⑥ 찬합

기억 회생단계
Memory Method

4단계 기초결합 열 단어 10개씩 기억회생  훈련 9호

➡ 결합하고 나서 1분 후에 빈 칸에 결합한 단어를 회생하여 쓰세요.
➡ [회생훈련] 각 훈련 열 단어씩 훈련하여 완벽하게 결합한 단어를 다 쓰면 10점씩 합산하여 점수를 준다.

점수   점

회생훈련 1
① 청개구리 ② ③ ④ ⑤
⑩ ⑨ ⑧ ⑦ ⑥

회생훈련 2
① 짐수레 ② ③ ④ ⑤
⑩ ⑨ ⑧ ⑦ ⑥

회생훈련 3
① 학생 ② ③ ④ ⑤
⑩ ⑨ ⑧ ⑦ ⑥

회생훈련 4
① 번데기 ② ③ ④ ⑤
⑩ ⑨ ⑧ ⑦ ⑥

회생훈련 5
① 장롱 ② ③ ④ ⑤
⑩ ⑨ ⑧ ⑦ ⑥

4단계 기초결합 — 열 단어 10개씩 결합하기 훈련 9호

- 열 단어를 한 단어씩 연결하여 연속적으로 강하게 결합하세요.
- 예 : [기억훈련 1]을 결합하고 나서 [회생훈련 1]에 단어를 쓰세요.
- 각 기억훈련 10단어씩 나누어서 기억과 회생훈련을 하세요.

기억훈련 6
① 목욕탕 ⇨ ② 친구 ⇨ ③ 비눗갑 ⇨ ④ 복숭아 ⇨ ⑤ 선원
⑩ 구두 ⇦ ⑨ 칫솔 ⇦ ⑧ 딱따구리 ⇦ ⑦ 달팽이 ⇦ ⑥ 운동장

기억훈련 7
① 가죽 ⇨ ② 목걸이 ⇨ ③ 우체국 ⇨ ④ 복권 ⇨ ⑤ 독수리
⑩ 침대 ⇦ ⑨ 담배 ⇦ ⑧ 풍차 ⇦ ⑦ 용광로 ⇦ ⑥ 별

기억훈련 8
① 사무원 ⇨ ② 복사기 ⇨ ③ 씨름 ⇨ ④ 설렁탕 ⇨ ⑤ 칼국수
⑩ 우산 ⇦ ⑨ 화산 ⇦ ⑧ 수저 ⇦ ⑦ 딸기 ⇦ ⑥ 금반지

기억훈련 9
① 화가 ⇨ ② 뽕나무 ⇨ ③ 뿌리 ⇨ ④ 항공기 ⇨ ⑤ 운전사
⑩ 검은깨 ⇦ ⑨ 물 ⇦ ⑧ 담장 ⇦ ⑦ 수박 ⇦ ⑥ 도로

기억훈련 10
① 칠면조 ⇨ ② 밤나무 ⇨ ③ 소풍 ⇨ ④ 복조리 ⇨ ⑤ 인형
⑩ 단군 ⇦ ⑨ 마루 ⇦ ⑧ 불 ⇦ ⑦ 카메라 ⇦ ⑥ 일기장

기억 회생단계
Memory Method

4단계 기초결합 — 열 단어 10개씩 기억회생   훈련 9호

➡ 결합하고 나서 1분 후에 빈 칸에 결합한 단어를 회생하여 쓰세요.
➡ [회생훈련] 각 훈련 열 단어씩 훈련하여 완벽하게 결합한 단어를 다 쓰면 10점씩 합산하여 점수를 준다.

점수   점

회생훈련 6
① 목욕탕 ⇨ ② ⇨ ③ ⇨ ④ ⇨ ⑤
⑩ ⇦ ⑨ ⇦ ⑧ ⇦ ⑦ ⇦ ⑥ ⬇

회생훈련 7
① 가죽 ⇨ ② ⇨ ③ ⇨ ④ ⇨ ⑤
⑩ ⇦ ⑨ ⇦ ⑧ ⇦ ⑦ ⇦ ⑥ ⬇

회생훈련 8
① 사무원 ⇨ ② ⇨ ③ ⇨ ④ ⇨ ⑤
⑩ ⇦ ⑨ ⇦ ⑧ ⇦ ⑦ ⇦ ⑥ ⬇

회생훈련 9
① 화가 ⇨ ② ⇨ ③ ⇨ ④ ⇨ ⑤
⑩ ⇦ ⑨ ⇦ ⑧ ⇦ ⑦ ⇦ ⑥ ⬇

회생훈련 10
① 칠면조 ⇨ ② ⇨ ③ ⇨ ④ ⇨ ⑤
⑩ ⇦ ⑨ ⇦ ⑧ ⇦ ⑦ ⇦ ⑥ ⬇

4단계 기초결합 — 열 단어 10개씩 결합하기  훈련 10호

➡ 열 단어를 한 단어씩 연결하여 연속적으로 강하게 결합하세요.
➡ 예 : [기억훈련 1]을 결합하고 나서 [회생훈련 1]에 단어를 쓰세요.
➡ 각 기억훈련 10단어씩 나누어서 기억과 회생훈련을 하세요.

기억훈련 1
① 군만두 ➡ ② 선물 ➡ ③ 파랑새 ➡ ④ 병원 ➡ ⑤ 부채
⑩ 강아지 ⬅ ⑨ 코스모스 ⬅ ⑧ 산봉우리 ⬅ ⑦ 까마귀 ⬅ ⑥ 이모

기억훈련 2
① 유리창 ➡ ② 원숭이 ➡ ③ 대머리 ➡ ④ 청진기 ➡ ⑤ 독약
⑩ 이발관 ⬅ ⑨ 서예 ⬅ ⑧ 냄비 ⬅ ⑦ 북어 ⬅ ⑥ 교통순경

기억훈련 3
① 배추 ➡ ② 부모 ➡ ③ 당구공 ➡ ④ 캥거루 ➡ ⑤ 식칼
⑩ 유치원 ⬅ ⑨ 콜라 ⬅ ⑧ 코끼리 ⬅ ⑦ 떡볶이 ⬅ ⑥ 식당

기억훈련 4
① 포수 ➡ ② 햅쌀 ➡ ③ 육교 ➡ ④ 부엉이 ➡ ⑤ 돛단배
⑩ 이불 ⬅ ⑨ 도깨비 ⬅ ⑧ 개구리 ⬅ ⑦ 라면 ⬅ ⑥ 의사

기억훈련 5
① 도장 ➡ ② 대통령 ➡ ③ 부자 ➡ ④ 콩국수 ➡ ⑤ 담배
⑩ 도토리 ⬅ ⑨ 마차 ⬅ ⑧ 명함 ⬅ ⑦ 은행 ⬅ ⑥ 육군

Memory Method
기억 회생단계

4단계 기초결합 열 단어 10개씩 기억회생  훈련 10호

➡ 결합하고 나서 1분 후에 빈 칸에 결합한 단어를 회생하여 쓰세요.
➡ [회생훈련] 각 훈련 열 단어씩 훈련하여 완벽하게 결합한 단어를 다 쓰면 10점씩 합산하여 점수를 준다.

점수　　점

회생훈련 1
① 군만두 ➡ ② ➡ ③ ➡ ④ ➡ ⑤
⑩ ⬅ ⑨ ⬅ ⑧ ⬅ ⑦ ⬅ ⑥ ⬇

회생훈련 2
① 유리창 ➡ ② ➡ ③ ➡ ④ ➡ ⑤
⑩ ⬅ ⑨ ⬅ ⑧ ⬅ ⑦ ⬅ ⑥ ⬇

회생훈련 3
① 배추 ➡ ② ➡ ③ ➡ ④ ➡ ⑤
⑩ ⬅ ⑨ ⬅ ⑧ ⬅ ⑦ ⬅ ⑥ ⬇

회생훈련 4
① 포수 ➡ ② ➡ ③ ➡ ④ ➡ ⑤
⑩ ⬅ ⑨ ⬅ ⑧ ⬅ ⑦ ⬅ ⑥ ⬇

회생훈련 5
① 도장 ➡ ② ➡ ③ ➡ ④ ➡ ⑤
⑩ ⬅ ⑨ ⬅ ⑧ ⬅ ⑦ ⬅ ⑥ ⬇

4단계 기초결합 — 열 단어 10개씩 결합하기  훈련 10호

➡ 열 단어를 한 단어씩 연결하여 연속적으로 강하게 결합하세요.
➡ 예 : [기억훈련 1]을 결합하고 나서 [회생훈련 1]에 단어를 쓰세요.
➡ 각 기억훈련 10단어씩 나누어서 기억과 회생훈련을 하세요.

기억훈련 6
① 보리밥 ⇒ ② 소녀 ⇒ ③ 항아리 ⇒ ④ 미역 ⇒ ⑤ 냉면
⑩ 도둑 ⇐ ⑨ 조랑말 ⇐ ⑧ 왕자 ⇐ ⑦ 비타민 ⇐ ⑥ 가수

기억훈련 7
① 나그네 ⇒ ② 분필 ⇒ ③ 화장실 ⇒ ④ 선풍기 ⇒ ⑤ 양말
⑩ 파리 ⇐ ⑨ 넥타이 ⇐ ⑧ 사막 ⇐ ⑦ 도장 ⇐ ⑥ 권총

기억훈련 8
① 잠자리 ⇒ ② 독립문 ⇒ ③ 버스 ⇒ ④ 거미줄 ⇒ ⑤ 샌드위치
⑩ 악기 ⇐ ⑨ 바구니 ⇐ ⑧ 도시락 ⇐ ⑦ 불고기 ⇐ ⑥ 아파트

기억훈련 9
① 시금치 ⇒ ② 합창단 ⇒ ③ 독서대 ⇒ ④ 스키장 ⇒ ⑤ 동화책
⑩ 상투 ⇐ ⑨ 불꽃 ⇐ ⑧ 지붕 ⇐ ⑦ 오이 ⇐ ⑥ 유치원

기억훈련 10
① 교수 ⇒ ② 만세 ⇒ ③ 음악시간 ⇒ ④ 사이다 ⇒ ⑤ 손톱
⑩ 할미꽃 ⇐ ⑨ 도서관 ⇐ ⑧ 뱀 ⇐ ⑦ 금붕어 ⇐ ⑥ 피아노

기억 회생단계
Memory Method

4단계 기초결합   열 단어 10개씩 **기억회생**    훈련 10호

➡ 결합하고 나서 1분 후에 빈 칸에 결합한 단어를 회생하여 쓰세요.
➡ [회생훈련] 각 훈련 열 단어씩 훈련하여 완벽하게 결합한 단어를 다 쓰면 10점씩 합산하여 점수를 준다.

점수   점

회생훈련 6
① 보리밥 ⇨ ② ⇨ ③ ⇨ ④ ⇨ ⑤
⑩ ⇦ ⑨ ⇦ ⑧ ⇦ ⑦ ⇦ ⑥ ⇩

회생훈련 7
① 나그네 ⇨ ② ⇨ ③ ⇨ ④ ⇨ ⑤
⑩ ⇦ ⑨ ⇦ ⑧ ⇦ ⑦ ⇦ ⑥ ⇩

회생훈련 8
① 잠자리 ⇨ ② ⇨ ③ ⇨ ④ ⇨ ⑤
⑩ ⇦ ⑨ ⇦ ⑧ ⇦ ⑦ ⇦ ⑥ ⇩

회생훈련 9
① 시금치 ⇨ ② ⇨ ③ ⇨ ④ ⇨ ⑤
⑩ ⇦ ⑨ ⇦ ⑧ ⇦ ⑦ ⇦ ⑥ ⇩

회생훈련 10
① 교수 ⇨ ② ⇨ ③ ⇨ ④ ⇨ ⑤
⑩ ⇦ ⑨ ⇦ ⑧ ⇦ ⑦ ⇦ ⑥ ⇩

원자량 순서 번호 차례 암기방법

원자량 전체 118개를 차례로 기억하기 위하여

1. 공간 위치 번호를 먼저 정하기 위하여 민속 그림 12장을 기억 공간 분류 공식에 의하여 그림 위치를 차례대로 먼저 기억한다.

2. 원소의 명칭 및 철자를 원래의 본 뜻과 다른 장기기억으로 오래 남을 수 있는 뜻으로 형상화하여 공간 위치에 결합한다.

   - 무작정 기억하면 한 달, 1년 또는 몇 년이 되어도, 전문가도 다 외우지 못하는 과정을 초등학교 저학년도 기억할 수 있게 하였다.

   - 이 과정은 화학의 전문 단계로서 아니라 남이 할 수 없는 기억의 기술과 뇌학습 훈련으로 필요한 단계이기 때문에 누구나 완성하여야 한다.

민속 그림의 장 단계
Memory Method

0 공 모양 달맞이의 장(場)

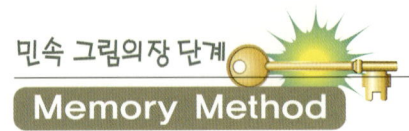

3의 원리	좌(左)	중(中)	우(右)
상(上)	1. 소나무 가지	4. 촛대	7. 깡통
중(中)	2. 보름달	5. 정화수	8. 깡통 줄
하(下)	3. 산봉우리	6. 작은 상	9. 불놀이 아이

화학 원자 번호 기억하기   (1~9번) 까지

1. **수소 H**   : 아이들이 들고 있던 수소 풍선이 터져 에취[H] 하고 기침을 했다.
2. **헬륨 He**   : 헬리[He]콥터를 룸에서 하이 하고 손으로 인사한다.
3. **리튬 Li**   : 리듬 [Li], 리듬에 맞추어 춤추다.
4. **베릴륨 Be**   : 버릴 베옷[Be], 베옷을 [Be]베릴린 룸에 버리다.
5. **붕소 B**   : 붕어가[B] 소주를 마신다.
6. **탄소 C**   : 열매 씨[C]가 연탄불에 소멸하다.
7. **질소 N**   : 논[N]에 질소를, 질적 거리는 논에 소를 몰고 뿌리다.
8. **산소 O**   : 오존[O]층에 산소.
9. **플루오린(플루오르) F**   : 풀러[F]오리다. (플릇)

 공 모양 달맞이의 장(場) 1~9

1. **[H]**   : 소나무 가지-소나무 가지위에 고무풍선(H)이 기침에 날아가 걸리다.
2. **[He]** : 보름달- 헬리콥터(He) 룸에 달빛이 들다.
3. **[Li]**   : 산봉우리 – 산에서 악기 리듬(Li)에 맞춰 춤추다.
4. **[Be]** : 촛대- 베를린(Be) 성벽에 촛불을 얹다.
5. **[B]**   : 정화수- 정화수 물속에서 붕어(B)가 소주를 마신다.
6. **[C]**   : 작은 상 – 탄소(C)가루를 상에 뿌리다.
7. **[N]**   : 깡통- 질소(N)가루를 깡통에 넣고 돌린다.
8. **[O]**   : 깡통 줄- 깡통 줄이 산소(O)와 결합하여 타고 있다.
9. **[F]**   : 불놀이 아이- 아이들이 플룻(F)을 불다.

10 십장생 병풍 혼례의 장(場)

3의 원리	좌(左)	중(中)	우(右)
상(上)	11. 사모	14. 축문	17. 족두리
중(中)	12. 관대	15. 전안 기러기	18. 비녀
하(下)	13. 신발	16. 혼례 상	19. 신부 옷

원자 번호 기억하기

화학 원자 번호 기억하기 (10~19번) 까지

10. 네온 Ne : 네온[Ne]사인 간판.
11. 나트륨/소듐 Na : 내가[Na] 트림. 유럽 나토(Na) 연맹.
12. 마그네슘 Mg : 숨을 막[Mg] 내쉬다.
13. 알루미늄 Al : 알[Al]루미늄, 알루미늄(Al) 냄비에 끓인 미음.
14. 규소 Si : 귀한 소식[Si]을 시(Si)로 쓰다.
15. 인 P : 인간의 피[P]
16. 황 S : 황새[S]
17. 염소 Cl : 염소가 쿨쿨[Cl] 자다.
18. 아르곤 Ar : 알았소! 알[Ar]이곤
19. 칼륨 K : 칼로[K] 가름.

십장생 병풍 혼례의 장(場) 10~19

10. [Ne] : 혼례- 혼례 장소에 네온(Ne)사인 등이 비치다.
11. [Na] : 신랑 사모- 사모가 나토(Na)연맹 군인 모자 같다.
12. [Mg] : 신랑의 관대(띠)- 관대 띠를 돌려매니 숨을 막(Mg) 내쉬다.
13. [Al] : 신발- 신발의 창에 가벼운 알루미늄(Al) 징을 박다.
14. [Si] : 축문- 아름다운 시(Si)로 축문을 읽는다.
15. [P] : 전안 기러기- 기러기 사랑에 인간의 피(P)가 흐른다.
16. [S] : 상- 황새(S)가 혼례상 위에 앉다.
17. [Cl] : 족두리- 족두리에 염소(Cl)뿔이 돋아났다.
18. [Ar] : 비녀- 비녀를 알(Ar)고 머리에 꽂다.
19. [K] : 신부 옷- 신부 옷을 칼로(K) 자르고 만들었다.

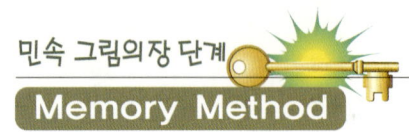

20 이정표 따라 장가가는 길의 장(場)

3의 원리	좌(左)	중(中)	우(右)
상(上)	21. 마부 모자	24. 말머리	27. 가마 지붕
중(中)	22. 초롱불	25. 말등	28. 가마 앞문
하(下)	23. 채찍	26. 말꼬리	29. 가마 손잡이

화학 원자 번호 기억하기 (20~29번) 까지

20. 칼슘/포타슘 Ca : 칼솜씨[Ca]
21. 스칸듐 Sc : 스[S]칸[c]디나비아 반도.
22. 타이타늄(티탄) Ti : 타이탄[Ti]로켓.
23. 바나듐 V : 바나나[V] 두 개
24. 크로뮴(크롬) Cr : 크림, 크롬[Cr]
25. 망가니즈(망간) Mn : 망가진[Mn] 망건
26. 철 Fe : 폐[Fe] 철 고물.
27. 코발트 Co : 코[Co]에 발라도 트다.
28. 니켈 Ni : 피부로 느낄[Ni] 수 있는 비결.
29. 구리 Cu : 구리가 구부러[Cu]졌시유(Cu).

이정표 따라 장가가는 길의 장(場) 20~29

20. [Ca] : 이정표 - 이정표 따라 장가가는 길에 호위병은 칼솜씨(Ca) 좋은 사나이.
21. [Sc] : 마부 모자- 모자의 창이 스칸디나비아(Sc)반도 모양.
22. [Ti] : 초롱불- 타이탄(Ti) 로켓에 호롱불을 켜다.
23. [V] : 채찍- 채찍에 바나나(V)를 묶다.
24. [Cr] : 말머리- 아이스크림(Cr)을 말에게 먹이다.
25. [Mn] : 말등- 망가진(Mn) 말등의 안장.
26. [Fe] : 말꼬리- 폐 철(Fe)을 말의 꼬리에 달다.
27. [Co] : 가마 지붕- 코발트(Co)색으로 가마 지붕을 칠했다.
28. [Ni] : 가마 앞문- 가마 앞문은 느낄 수 있는 니켈(Ni)로 변했다.
29. [Cu] : 가마 손잡이 - 가마 손잡이에 구리(Cu)를 감다.

30 세배하는 손자의 장(場)

3의 원리	좌(左)	중(中)	우(右)
상(上)	31. 병풍	34. 할아버지	37. 부젓가락
중(中)	32. 베개	35. 할머니	38. 화롯불
하(下)	33. 요	36. 손자	39. 화로 다리

화학 원자 번호 기억하기 (30~39번) 까지

30. 아연 Zn   : 잔[Zn]에 아연을 칠하다.
31. 갈륨 Ga   : 가서[Ga] 가름(갈륨)
32. 저마늄/게르마늄 Ge : 게[Ge]르만(게르마늄)민족
33. 비소 As   : 비소를 구하려 애쓰[As]다.
34. 셀레늄(셀렌) Se : 세련[Se]된 것은 셀렌이다.
35. 브로민(브롬) Br : 정월 대보름[Br]에 부럼을 깨면서 건강을 빈다.
36. 크립톤 Kr   : 그립던 케리[Kr]라는 강아지가 있다.
37. 루비듐 Rb   : 루비[Rb]로 됨.
38. 스트론튬 Sr   : 스트로로 사르를[Sr] 녹은 음료수를 마신다.
39. 이트륨 Y   : 와이셔츠[Y]를 이틀이나 입음.

세배하는 손자의 장(場) 30~39

30. [Zn] : 세배- 세배 온 손님에게 술잔(Zn)을 권한다.
31. [Ga] : 병풍- 병풍을 갈라(Ga)놓음.
32. [Ge] : 베개- 게르만(Ge)민족이 베던 베개.
33. [As] : 요- 요 밑에 비소(As)를 감추다.
34. [Se] : 할아버지- 할아버지가 세련(Se)된 모습이다.
35. [Br] : 할머니- 할머니가 부럼[Br]을 깨면서 1년의 건강을 빈다.
36. [Kr] : 손자- 그립던(Kr) 손자.
37. [Rb] : 부젓가락- 부젓가락 끝이 루비(Rb)처럼 보인다.
38. [Sr] : 화롯불- 사르르(Sr) 화롯불에 저절로 녹는다.
39. [Y] : 화로 다리- 와이 모양(Y)의 화로 다리.

40 사물놀이 농악의 장(場)

3의 원리	좌(左)	중(中)	우(右)
상(上)	41. 고깔모자	44. 농부 얼굴	47. 상모
중(中)	42. 피리	45. 꽹과리 채	48. 상모 줄
하(下)	43. 바지	46. 꽹과리	49. 작은 북

화학 원자 번호 기억하기   (40~49번) 까지

40. 지르코늄 Zr : 찌르[Zr]고 또 찌른코 자라[Zr]의 코를 찌름.
41. 나이오븀/니오븀(니오브) Nb : 나비[Nb]가 날아오름
42. 몰리브데넘(몰리브덴) Mo : 몰라볼 팬[Mo], 몰리브덴
43. 테크네튬 Tc : 탁구[Tc]을 그대로 내버려둠.
44. 루테늄 Ru : 물에 누어[Ru], 누움.
45. 로듐 Rh : 모듬회를 먹고 요즘 알 회[Rh]를 먹는다.
46. 팔라듐 Pd : 피디가 팔아 둠[Pd].
47. 은 Ag : 악[Ag]을 써도 은메달.
48. 카드뮴 Cd : 카드[Cd]로 물음, 카드뮤.
49. 인듐 In : 인두[In]로 다려 두라.

 사물놀이 농악의 장(場) 40~49

40. [Zr] : 사물놀이- 자라(Zr)를 놓고 사물놀이.
41. [Nb] : 고깔모자-나비(Nb)가 고깔모자에 앉다.
42. [Mo] : 피리- 피리구멍이 몰리어(Mo) 있다.
43. [Tc] : 바지- 바지에 탁구(Tc)공이 들어 부푼다.
44. [Ru] : 농부 얼굴- 농부가 얼굴을 들고 물에 누어(Ru) 있다.
45. [Rh] : 꽹과리 채- 나무채로 알 회(Rh)를 먹다.
46. [Pd] : 꽹과리 - 피디(Pd)가 꽹과리를 치다.
47. [Ag] : 상모- 모자 꼭지에 은(Ag) 메달을 달다.
48. [Cd] : 상모 줄- 줄에 카드(Cd)를 달다.
49. [In] : 작은 북- 인두(In)로 작은 북을 치다.

50 오월 단오 북춤의 장(場)

3의 원리	좌(左)	중(中)	우(右)
상(上)	51. 무당 모자	54. 머리띠	57. 큰북
중(中)	52. 부채	55. 머리 댕기	58. 북채
하(下)	53. 고무신	56. 버선	59. 북대

원자 번호 기억하기

| 화학 원자 번호 기억하기 | (50~59번) 까지 |

50. 주석 Sn : 산[Sn]에 주석, 산에서 주워온 돌.
51. 안티모니(안티몬) Sb : 눈 안에 티 먼지로 시비[Sb]
52. 텔루륨(텔루르) Te : 부채를 데구루루, 텔루르[Te]굴렸다.
53. 아이오딘(요오드) I : 아이[I]가 요에 드러 누움.
54. 제논(크세논) Xe : 엑스[Xe] 문제로 크게 세계가 논란.
55. 세슘 Cs : 세수[Cs]하는 사슴.
56. 바륨 Ba : 보름달을 보는 바[Ba]둑이.
57. 란타넘(란탄) La : 라[La]이트 훅으로 난타전.
58. 세륨 Ce : 새 룸을 세[Ce] 놓음-세게[Ce] 치다.
59. 프라세오디뮴 Pr : 플라[Pr]스틱으로 만든 오디오 몸체.

오월 단오 북춤의 장(場) 50~59

50. [Sn] : 오월 단오- 산(Sn)에 신를 모시고, 단오에 북춤을 추다.
51. [Sb] : 무당 모자- 무당의 눈에 티먼지로 시비(Sb)하여 모자를 쓰다.
52. [Te] : 부채- 부채를 들고 있다가 티이(Te)나 게 텔루르 굴렸다.
53. [I] : 고무신- 아이(I)가 고무신을 신다.
54. [Xe] : 머리띠- 제논은 엑스(Xe)자의 머리띠 같다.
55. [Cs] : 머리 댕기- 머리 댕기를 사슴(Cs)목에 감다.
56. [Ba] : 버선- 바(Ba)둑이가 버선에 침을 바름.
57. [La] : 큰북- 북을 난타[La]하다.
58. [Ce] : 북채- 북채로 세(Ce)게 치다.
59. [Pr] : 북대- 북대에 오디오를 플러스(Pr)하여 얹다. 높이 올려 피알[Pr]하다.

60 윷놀이 널뛰기의 장(場)

3의 원리	좌(左)	중(中)	우(右)
상(上)	61. 멍석	64. 널뛰는 여자	67. 그네 나무
중(中)	62. 윷판	65. 앉은 남자	68. 그네 줄
하(下)	63. 기와대문	66. 널판	69. 그네 발판

화학 원자 번호 기억하기 (60~69번) 까지

60. 네오디뮴 Nd : 네[N]오디오[d] 몸으로 나오다[Nd].
61. 프로메튬 Pm : 풀로[P] 매듭[m]을 짓다.
62. 사마륨 Sm : 사마[Sm]귀 룸.
63. 유로퓸 Eu : [Eu]유럽 유로 화폐단위.
64. 가돌리늄 Gd : 까돌리는 놈 가다[Gd]
65. 터븀/테르븀 Tb : 테러[T] 붐[b]이 일다.
66. 디스프로슘 Dy : 디스코 프로선수가 숨을 쉬고 다이[Dy]빙
67. 홀뮴 Ho : 홀[Ho] 몸이다.
68. 어븀/에르븀 Er : 외로[Er]운 봄.
69. 툴륨 Tm : 틀[T]림[m] -투룸.

윷놀이 널뛰기의 장(場) 60~69

60. [Nd] ; 윷놀이- 윷놀이 나오다(Nd).
61. [Pm] : 멍석- 풀 마디(Pm)로 만든 멍석.
62. [Sm] : 윷판-윷판에 사마(Sm)귀가 앉다.
63. [Eu] : 기와대문- 유럽(Eu)식으로 개조한 기와대문.
64. [Gd] : 널뛰는 여자- 까돌리기로 널뛰는 여자를 가둠(Gd)
65. [Tb] : 앉은 남자- 그 남자가 테러범(Tb)
66. [Dy] : 널판- 널판을 굴리고 다이빙(Dy)
67. [Ho] : 그네 나무- 홀몸(Ho)으로 나무에 오르다.
68. [Er] : 그네 줄- 외로(Er)운 줄에 봄을 타다.
69. [Tm] : 그네 발판- 발판이 뒤틀림(Tm)

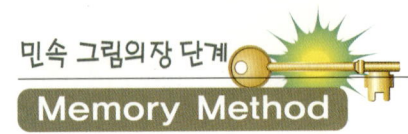

70 팽이치기 썰매타기의 장(場)

3의 원리	좌(左)	중(中)	우(右)
상(上)	71. 팽이치는 아이	74. 썰매 꼬챙이	77. 도련님 모자
중(中)	72. 팽이채	75. 썰매판	78. 때때옷
하(下)	73. 팽이	76. 썰매 날	79. 제기

화학 원자 번호 기억하기   (70~79번) 까지

70. **이터븀/이테르븀 Yb** : 이탈리아, 이태리[Y] 유행 붐[b]
71. **루테튬 Lu**   : 나루터 틈에 유류[Lu]가 흐른다.
72. **하프늄 Hf**   : 하품[Hf]하는 놈.
73. **탄탈럼(탄탈) Ta** : 탄탄한 땅에 탈 수 있는 타조[Ta]
74. **텅스텐 W**   : 백열전구 텅스텐 모양[W]
75. **레늄 Re**   : 붉은 레드[Re] 옷을 입은 네놈.
76. **오스뮴 Os**   : 오소리[Os]가 문.
77. **이리듐 Ir**   : 이리[Ir]가 우리에 들어가다.
78. **백금 Pt**   : 파티 때 낀 파트너[Pt]의 백금 반지.
79. **금 Au**   : 아우[Au]가 낀 금반지.

팽이치기 썰매타기의 장(場) 70~79

70. **[Yb]** : 팽이치기- 팽이에 칠을 하는 것은 이태리 유행 붐(Yb)
71. **[Lu]** : 팽이치는 아이- 나루(Lu)터에 선 아이.
72. **[Hf]** : 팽이채- 팽이채로 하품(Hf)하는 아이를 치다.
73. **[Ta]** : 팽이- 탄탄(Ta)한 땅에 돌아가는 팽이.
74. **[W]** : 썰매 꼬챙이- 꼬챙이 텅스텐(W) 선을 감다.
75. **[Re]** : 썰매판- 판이 붉은 레드[Red] - (Re)색
76. **[Os]** : 썰매 날- 썰매 날을 오소(Os)리가 물다.
77. **[Ir]** : 도련님 모자- 이리(Ir)털 모자.
78. **[Pt]** : 도련님 때때옷- 파티 때 파트너(Pt)가 입은 때때옷.
79. **[Au]** : 제기- 아우(Au)가 제기차기를 한다.

80 八자 모양 차전놀이의 장(場)

3의 원리	좌(左)	중(中)	우(右)
상(上)	81. 차전나무 끝	84. 청군	87. 기수
중(中)	82. 감은 새끼줄	85. 백군	88. 기폭
하(下)	83. 사다리 막대	86. 응원팀	89. 깃대

화학 원자 번호 기억하기　　(80~89번) 까지

80. 수은 Hg　　: 흑[Hg]색의 수은
81. 탈륨 Tl　　: 탈이[Tl]나 탈루되다.
82. 납 Pb　　: 피비[Pb]린내 나는 납성분.
83. 비스무트 Bi　: 비스듬[Bi]히 붙다.
84. 폴로늄 Po　: 포로[Po]로 잡힌 놈.
85. 아스타틴 At　: 아스팔트[A] 위가 타틴[t]
86. 라돈 Rn　　: 런던[Rn]에서 번 내 돈.
87. 프랑슘 Fr　: 프랑스[Fr]에서 숨 쉬다.
88. 라듐 Ra　　: 라디오[Ra] 소리가 들린다.
89. 악티늄 Ac　: 악어[Ac] 티눈.

자 모양 차전놀이의 장(場) 80~89

80. [Hg] : 차전놀이- 차전놀이를 위해 수은(Hg)을 바르다.
81. [Tl] : 차전나무끝- 나무 끝이 탈루(Tl) 되다.
82. [Pb] : 감은 새끼줄- 새끼줄에 피비(Pb)린내음.
83. [Bi] : 사다리 막대- 사다리 막대를 비스듬(Bi)히 세워 붙다.
84. [Po] : 청군-청군이 포로(Po)로 잡히다.
85. [At] : 백군-백군이 이겨 아스팔트(At) 위에서 환호하다.
86. [Rn] : 응원팀- 런던(Rn)에서 응원 됨.
87. [Fr] : 기수- 프랑스(Fr) 기수가 숨 쉬다.
88. [Ra] : 기폭- 라디오(Ra) 소리가 기폭에 떨린다.
89. [Ac] : 깃대-악어(Ac) 티눈에 깃대가 꽂히다.

90 절구 잔치 준비의 장(場)

3의 원리	좌(左)	중(中)	우(右)
상(上)	91. 손잡이	94. 절굿공이	97. 떡메
중(中)	92. 맷돌	95. 절구 확	98. 떡
하(下)	93. 함지	96. 절구통	99. 떡판

화학 원자 번호 기억하기 (90~99번) 까지

90. 토륨 Th : 토론에서 말을 토하다[Th].
91. 프로탁티늄 Pa : 파란 옷을 입으니 프로[Pa]로 탁 튄 놈처럼 보인다.
92. 우라늄 U : 우라늄 농축을 유엔[U]에서 다루다.
93. 넵투늄 Np : 납[Np]치된 두 놈.
94. 플루토늄 Pu : 포대, 푸대[Pu]에 넣은 플루토늄(놈).
95. 아메리슘 Am : 아메리카[Am]에 숨어 있다.
96. 퀴륨 Cm : 시엠[Cm] 사회자의 귓바퀴에 달린 링.
97. 버클륨 Bk : 혁대 버클[Bk]에 링 모양.
98. 캘리포늄 Cf : 캘리포니아[Cf] 놈.
99. 아인슈타이늄 Es : 아인슈타인의 이쑤시개[Es].

절구 잔치 준비의 장(場) 90~99

90. [Th] : 절구- 절구에 토해(Th)내다.
91. [Pa] : 손잡이- 파란(Pa) 옷이 푸르러 탁 튀어 보인다.
92. [U] : 맷돌- 맷돌에 우라늄[U] 광석을 갈다.
93. [Np] : 함지- 납치[Np]한 넙치 두 놈을 함지에 담다.
94. [Pu] : 절굿공이- 절굿공이로 플루토늄(Pu) 찧다.
95. [Am] : 절구 확- 아메리카(Am) 땅이 절구의 확처럼 파인 곳에 숨다.
96. [Cm] : 절구통- 사회자(Cm)가 절구통이 되어 서 있다.
97. [Bk] : 떡메- 버클(Bk)을 떡메로 치다.
98. [Cf] : 떡- 캘리포니아(Cf) 교민에게 떡을 대접하다.
99. [Es] : 떡판- 떡판 위에 이쑤시개(Es).

100 백사장 씨름의 장(場)

3의 원리	좌(左)	중(中)	우(右)
상(上)	101. 선수 머리테	104. 호루라기	107. 가면
중(中)	102. 샅바	105. 심판수건	108. 손목 토시
하(下)	103. 모래판	106. 검은 옷	109. 짚신

원자 번호 기억하기

화학 원자 번호 기억하기 (100~109번) 까지

100. 페르뮴 Fm : 필름[Fm]을 페의 몸에 숨기다.
101. 멘델레븀 Md : 멘델[Md] 유전법칙의 연구 붐.
102. 노벨륨 No : 노벨[No]상을 노우(거절)하다.
103. 로렌슘 Lr : 릴리아[Lr]의 노련한 노래 솜씨.
104. 러더포듐 Rf : 레더[R]에 들어오는 포[f]들 공격.
105. 더브늄 Db : 더불[Db]어 사는 놈.
106. 시보귬 Sg : 싹[Sg] 걷어들인 시 보유금.
107. 보륨 Bh : 보름달 아래 보호[Bh].
108. 하슘 Hs : 한숨[Hs].
109. 마이트너륨 Mt : 마이크 틀어 놓은 엠티[Mt] 수련회.

백사장 씨름의 장(場) 100~109

100. [Fm] : 백사장- 페르사 백사장에 필림(Fm).
101. [Md] : 선수 머리테- 긴 머리테는 멘델(Md)법칙의 우성.
102. [No] : 샅바- 모래판 노벨(No)상
103. [Lr] : 모래판- 모래판 위 릴리아(Lr)의 노련한 솜씨.
104. [Rf] : 호루라기- 호루라기 소리에 맞춰 레더포(Rf) 공격
105. [Db] : 심판수건- 더불(Db)어 수건을 흔들다.
106. [Sg] : 검은 옷- 검은 옷자락 속에 시 보유금(Sg)을 숨기다.
107. [Bh] : 가면- 보름달 아래 보호(Bh)되는 가면.
108. [Hs] : 손목 토시- 토시를 하수구(Hs)에 버려 한숨.
109. [Mt] : 짚신- 엠티(Mt) 수련회 때 짚신은 신었다.

Memory Method

110 일일이 공들이는 투호의 장(場)

3의 원리	좌(左)	중(中)	우(右)
상(上)	111. 던지는 화살	114. 왕자의 모자	117. 왕비의 머리
중(中)	112. 통속의 화살	115. 왕자의 옷	118. 왕비의 치마
하(下)	113. 투호 통	116. 왕자의 신발	119. 빨강 깔판

화학 원자 번호 기억하기   (110~118번) 까지

110. **다름슈타튬 Ds** : 다른 스타 룸이 다수[Ds]다.
111. **뢴트게늄 Rg** : 렌터카를 타고 낙[Rg]을 즐기는 놈.
112. **우눈븀 Uub** : 오른쪽(우) 눈이 부움[Uub].
113. **우눈트륨 Uut** : 우눈이 터짐[Uut].
114. **우눈쿼듐 Uuq** : 우눈이 커튼을 치다[Uuq].
115. **우눈펜튬 Uup** : 우눈이 팬들[Uup].
116. **우눈헥슘 Uuh** : 우눈의 핵심[Uuh].
117. **우눈셉튬 Uus** : 우눈이 눈썹[Uus]들.
118. **우누녹튬 Uuo** : 우눈의 녹색이 오리지널[Uuo]이다.

일일이 공들이는 투호의 장(場) 110~118

110. [Ds] : 투호놀이- 투호는 다른(D) 스타(s)놀이.
111. [Rg] : 던지는 화살- 던지며 낙(Rg)을 즐김.
112. [Uub] : 통속의 화살- 통의 우 눈이 부움(Uub).
113. [Uut] : 투호 통- 우측 투호 통 틀림(Uut).
114. [Uuq] : 왕자의 모자 - 모자를 커튼(Uuq)이 가리다.
115. [Uup] : 왕자의 옷 - 모든 팬들(Uup)이 도령의 옷을 입다.
116. [Uuh] : 왕자의 신발- 우눈이 멈춘 신발의 핵심(Uuh)부문.
117. [Uus] : 왕비의 머리- 우쪽의 머리에 새 틈(Uus)이 있다.
118. [Uuo] : 왕비의 치마 - 치마의 녹두 색이 오리지널(Uuo)이다.

시 문장의 사고(思考)

➡ 문장을 기억한다는 것은 언어의 그 자체를 기억하는 것으로 문장의 내용을 이해하고 느끼는 사고의 작업입니다. 기억에서 문장으로 옮겨지기 전의 모습을 상상하고, 그 모습 속에서 순서를 지정하는 것입니다. 순서의 지정은 장소와 때, 동작, 형용사의 순으로 사실을 그리면서 기억합니다.

① 문장의 내용이 나오게 된 배경을 먼저 머릿속에 그려라.
② 그 배경 속에서 단위문장의 표현 순서를 주어진 그림 안에서 정하라.
③ 위치번호에 따라 중요 낱말을 차례로 연상하여 기억시켜라.

- '국화 옆에서' 시 기억의 예 -

시의 내용과 그림을 연결합니다.
① 흰 국화 ② 소쩍새 ③ 분홍 국화 ④ 먹구름 ⑤ 가슴 ⑥ 뒤안길
⑦ 거울 앞 ⑧ 누님 같은 꽃 ⑨ 노란 꽃 ⑩ 무서리
⑪ 침상 위에 누워있는 장면의 순서로 연상하여 기억합니다.

국화 옆에서

서정주

아래 시의 내용을 완전히 써 놓고 나서 구조화 연상으로 기억하세요.

① 한 송이의

② 봄부터

③ 한 송이의

④ 천둥은

⑤ 그립고

⑥ 머언

⑦ 인제는

⑧ 내

⑨ 노오란

⑩ 간밤엔

⑪ 내게는

핵심사항 정리

제재 : 국화
갈래 : 자유시, 서정시, 전통시, 상징시, 순수시
성격 : 자성적, 전통적, 불교적 사상과 향토적 정서가 잘 융화됨.
심상 : 시각적 심상, 청각적 심상
운율 : 3음보(7.5조)
표현 : 의인, 상징, 대유
주제 : 고뇌와 시련을 통한 생명 탄생의 신비성과 존엄성, 인고(忍苦)의 세월을 거쳐 도달한 생의 원숙미

시를 먼저 다 써 놓고 구조화 연상으로 시를 기억해 보세요.

국화 옆에서
그림 연상하기

숫자를 글자로 변환하여 기억하는 방법

 우리가 사용하고 있는 숫자는 형태가 없고 단순하기 때문에 숫자를 글자로 바꿔서 기억하면 오래도록 기억할 수 있게 되는 것이다. 숫자를 가지고 글자로 변환하여 내가 공부할 내용과 연계하여 기억하면 전체의 문장이 보인다. 즉, 기억하고자 할 내용과 숫자 낱말을 잘 함축하여 결합해 만들어서 기억하면 나중에 회생시 전체 내용이 표출될 수 있도록 하는 것이다. 다시 글자를 숫자로 바꾸게 되면 역사의 연대나 사건의 내용까지 모두 기억할 수 있게 된다. 이렇게 숫자 변환법을 사용하게 되면 오래도록 잊어버리지 않고 장기적으로 기억할 수 있게 되는 것이다.

숫자 낱말 공식

10단위 가 나 다 글자를 이용하여 기억하는 법

10	20	30	/	40	50	60	/	70	80	90
가	나	다	/	하	마	바	/	사	아	자

1단위 ㄱㄴㄷ 자음을 이용하여 기억하는 법

1	2	3	4	5	6	7	8	9	0
ㄱ	ㄴ	ㄷ	ㄹ	ㅁ	ㅂ	ㅅ	ㅇ	ㅈ	ㅊ
ㅋ		ㅌ			ㅍ				
		ㅎ							

숫자를 글자로 바꿔서 기억하는 예(숫자가 변경된 글자)

16 : 가+ㅂ=갑옷   42 : 하+ㄴ=한복   77 : 사+ㅅ=삿갓
52 : 마+ㄴ=만두   81 : 아+ㄱ=악어   98 : 자+ㅇ=장기

Memory Method

숫자와 글자 10~19까지 기억훈련

가행:	10	11	12	13	14	15	16	17	18	19
	갖	각	간	갇	갈	감	갑	갓	강	갖
	가축	각도기	간장	가두	갈매기	감나무	갑옷	갓	강물	가죽

숫자와 글자 20~29까지 기억훈련

나행:	20	21	22	23	24	25	26	27	28	29
	낯	낙	난	낟	날	남	납	낫	낭	낯
	낯지	낙초	난가	낟가리	날개	냄비	납	낫	낭군	낯

숫자와 글자 30~39까지 기억훈련

다행:	30	31	32	33	34	35	36	37	38	39
	닻	닥	단	돋	달	담	답	닷	당	닺
	닻	닭	단추	도둑	달	담장	답안지	다시마	당구장	도장

숫자를 글자로 변환하여 기억하는 방법

숫자와 글자 40~49까지 기억훈련

하행:	40	41	42	43	44	45	46	47	48	49
	홪	학	한	홑	할	함	합	핫	항	홪
	화초	학교	한복	호두	활	함장	합창대	핫도그	항아리	화장품

숫자와 글자 50~59까지 기억훈련

마행:	50	51	52	53	54	55	56	57	58	59
	맞	막	만	맏	말	맘	맙	맛	망	못
	마차	막걸리	만두	맏아들	말	매머드	마부	마사지	망치	모자

숫자와 글자 60~69까지 기억훈련

바행:	60	61	62	63	64	65	66	67	68	69
	봊	박	반	받	발	밤	밥	밧	방	밪
	보초	박	반지	받침	발	밤	밥	밧줄	방앗간	바지

숫자 낱말공식 단계

Memory Method

숫자와 글자 70~79까지 기억훈련

사행 :	70	71	72	73	74	75	76	77	78	79
	샃	삭	산	샅	살	삼	삽	삿	상	샂
	사치	사과나무	산삼	사다리	쌀가게	삼겹살	삽	삿갓	상장	사자

숫자와 글자 80~89까지 기억훈련

아행 :	80	81	82	83	84	85	86	87	88	89
	앛	악	안	옽	알	암	압	앗	앙	앚
	아침	악어	안경	오뚝이	알	암석	압정	아씨	앙고라	아저씨

숫자와 글자 90~99까지 기억훈련

자행 :	90	91	92	93	94	95	96	97	98	99
	잦	작	잔	잗	잘	잠	잡	잣	장	잦
	자치기	작두	잔	자두	자루	잠자리	잡지	잣	장기	자장면

10(가축)~99(자장면) 까지 글자 공식 종합표

10단위 / 1단위	10 가	20 나	30 다	40 하	50 마	60 바	70 사	80 아	90 자
0 ㅊ	1 ㄱ	2 ㄴ	3 ㄷ	4 ㄹ	5 ㅁ	6 ㅂ	7 ㅅ	8 ㅇ	9 ㅈ
가행 — 가축	각도기	간장	가두	갈매기	감나무	갑옷	갓	강물	가죽
나행 — 낯	낙지	난초	날가리	날개	냄비	납	낫	낭군	낮
다행 — 닻	닭	단추	도둑	달	담장	답안지	다시마	당구장	도장
하행 — 화초	학교	한복	호두	활	함장	합창대	핫도그	항아리	화장품
마행 — 마차	막걸리	만두	맏아들	말	매머드	마부	마사지	망치	모자
바행 — 보초	박	반지	받침	발	밤	밥	밧줄	방앗간	바지
사행 — 사치	사과나무	산삼	사다리	쌀가게	삼겹살	삽	삿갓	상장	사자
아행 — 아침	악어	안경	오뚝이	알	암석	압정	아씨	앙고라	아저씨
자행 — 자치기	작두	잔	자두	자루	잠자리	잡지	잣	장기	자장면

숫자를 글자로 변환하는 종합테스트 훈련 1

☞ 다음의 숫자를 낱말로 바꿔 쓰세요. (20문제×5점=100점)

테스트 날짜 :　　년　월　일　점수 :　　　　점

숫자	낱말쓰기	숫자	낱말쓰기
[문제 1] : 66 = [	]	[문제11] : 32 = [	]
[문제 2] : 44 = [	]	[문제12] : 76 = [	]
[문제 3] : 10 = [	]	[문제13] : 63 = [	]
[문제 4] : 99 = [	]	[문제14] : 45 = [	]
[문제 5] : 23 = [	]	[문제15] : 70 = [	]
[문제 6] : 89 = [	]	[문제16] : 35 = [	]
[문제 7] : 69 = [	]	[문제17] : 93 = [	]
[문제 8] : 29 = [	]	[문제18] : 38 = [	]
[문제 9] : 53 = [	]	[문제19] : 55 = [	]
[문제10] : 80 = [	]	[문제20] : 15 = [	]

※ [100점~90점 : 최우수]　[90점~80점 : 우수]　[80점~70점 : 보통]
70점 이하는 처음부터 다시 숫자훈련 하세요.

숫자를 글자로 변환하는 종합테스트

☞ 다음의 숫자를 낱말로 바꿔 쓰세요. (20문제×5점=100점)

테스트 날짜 :   년   월   일   점수 :   점

숫자	낱말쓰기		숫자	낱말쓰기
[문제 1] : 99 = [	]	[문제11] : 77 = [	]
[문제 2] : 21 = [	]	[문제12] : 37 = [	]
[문제 3] : 30 = [	]	[문제13] : 24 = [	]
[문제 4] : 11 = [	]	[문제14] : 75 = [	]
[문제 5] : 59 = [	]	[문제15] : 87 = [	]
[문제 6] : 43 = [	]	[문제16] : 94 = [	]
[문제 7] : 96 = [	]	[문제17] : 85 = [	]
[문제 8] : 48 = [	]	[문제18] : 13 = [	]
[문제 9] : 68 = [	]	[문제19] : 51 = [	]
[문제10] : 17 = [	]	[문제20] : 65 = [	]

※ [100점~90점 : 최우수]   [90점~80점 : 우수]   [80점~70점 : 보통]
70점 이하는 처음부터 다시 숫자훈련 하세요.

낱말 결합단계
Memory Method

숫자공식에 추상적 낱말을 결합하여 쓰기 ● 기억훈련 ❶

☞ 숫자공식의 낱말과 주어진 단어를 결합하여 쓰고 기억하세요.
☞ 낱말공식에 결합된 단어를 다시 회생하여 보세요.

차창~차장

00. [차 창] : [낭 만]
01. 차 고 : 눈 물
02. 처 녀 : 대 화
03. 차 돌 : 비 방

04. 차 로 : 빈 부
05. 치 마 : 추 천
06. 차 비 : 습 관

07. 차 선 : 날 씨
08. 치 약 : 축 제
09. 차 장 : 발 표

가축~가죽

10. [가 축] : [충 돌]
11. 각도기 : 조 정
12. 간 장 : 실 험
13. 가 두 : 치 료

14. 갈매기 : 애 교
15. 감나무 : 감 시
16. 갑 옷 : 공 부

17. 갓 : 책 임
18. 강 물 : 분 실
19. 가 죽 : 평 생

숫자공식에 추상적 낱말을 결합하여 쓰기

기억훈련 ②

☞ 숫자공식의 낱말과 주어진 단어를 결합하여 쓰고 기억하세요.
☞ 낱말공식에 결합된 단어를 다시 회생하여 보세요.

낯~낮

20. [낯] : [민 망]
21. 낙 지 : 방 학
22. 난 초 : 요 청
23. 낟가리 : 기 초

24. 날 개 : 사 연
25. 냄 비 : 불 평
26. 납 : 궁 리

27. 낫 : 무 료
28. 낭 군 : 감 동
29. 낮 : 기념일

닻~도장

30. [닻] : [체 험]
31. 닭 : 건 강
32. 단 추 : 생 각
33. 도 둑 : 인 정

34. 달 : 추 억
35. 담 장 : 생 명
36. 답안지 : 종 합

37. 다시마 : 대 치
38. 당구장 : 비 법
39. 도 장 : 희 망

낱말 결합단계
Memory Method

숫자공식에 추상적 낱말을 결합하여 쓰기 — 기억훈련 ❸

☞ 숫자공식의 낱말과 주어진 단어를 결합하여 쓰고 기억하세요.
☞ 낱말공식에 결합된 단어를 다시 회생하여 보세요.

화초~화장품

40. [화 초] : [예 약]
41. 학 교 : 암 기
42. 한 복 : 변 신
43. 호 두 : 오 늘

44. 활 : 안 전
45. 함 장 : 탈 출
46. 합창대 : 시 작

47. 핫도그 : 달 콤
48. 항아리 : 고 민
49. 화장품 : 부작용

마차~모자

50. [마 차] : [추 격]
51. 막걸리 : 후 회
52. 만 두 : 확 정
53. 맏아들 : 입 학

54. 말 : 홍 보
55. 매머드 : 위 기
56. 마 부 : 장 수

57. 마사지 : 이 유
58. 망 치 : 솜 씨
59. 모 자 : 안 내

숫자공식에 추상적 낱말을 결합하여 쓰기

기억훈련 ❹

☞ 숫자공식의 낱말과 주어진 단어를 결합하여 쓰고 기억하세요.
☞ 낱말공식에 결합된 단어를 다시 회생하여 보세요.

보초~바지

60. [보 초] : [지 시]
61. 박   : 비 밀
62. 반 지   : 사 랑
63. 받 침   : 고 난

64. 발   : 치 료
65. 밤   : 우 애
66. 밥   : 스스로

67. 밧 줄   : 인 내
68. 방앗간 : 구 걸
69. 바 지   : 비 밀

사치~사자

70. [사 치] : [양 심]
71. 사 과   : 시 간
72. 산   : 기 적
73. 사다리 : 능 력

74. 쌀가게 : 소 문
75. 삼겹살 : 인 기
76. 삽   : 감 정

77. 삿 갓   : 세 계
78. 상 장   : 가 치
79. 사 자   : 생 명

낱말 결합단계
Memory Method

숫자공식에 추상적 낱말을 결합하여 쓰기 — 기억훈련 ❺

☞ 숫자공식의 낱말과 주어진 단어를 결합하여 쓰고 기억하세요.
☞ 낱말공식에 결합된 단어를 다시 회생하여 보세요.

아침~아저씨

80. [아 침] : [운 동]
81. 악 어 : 호 흡
82. 안 경 : 정 보
83. 오뚝이 : 연 구

84. 알 : 기 쁨
85. 암 석 : 창 조
86. 압 정 : 상 처

87. 아 씨 : 마 음
88. 앙고라 : 독 감
89. 아저씨 : 진 실

자치기~자장면

90. [자치기] : [지 혜]
91. 작 두 : 새 벽
92. 잔 : 다 양
93. 자 두 : 약 속

94. 자 루 : 무 료
95. 잠자리 : 이 동
96. 잡 지 : 지 식

97. 잣 : 검 정
98. 장 기 : 세 월
99. 자장면 : 행 복

숫자 공식에 의한 학습응용

- 역사 연대와 사건 내용 기억 -

1. 숫자를 글자로 바꾸어 기억한다.
2. 숫자 공식을 먼저 이해하여야 한다.
3. 글자만 보고도 숫자가 나와야 한다.
4. 역사 사건에 대한 내용을 읽고 이해한다.
5. 사건의 중심이 되는 배경이나 인물, 특징 등을 찾아낸다.
6. 내용에 알맞은 숫자 낱말을 결합하여 연도와 사건을 기억한다.

우리나라 역사연대와 주요내용 기억하기

☞ 숫자로 된 낱말을 만들어 주요내용과 결합하여 기억하세요.
☞ 결합한 내용으로 역사연대와 사건을 기억하고 또 이러한 방법으로 숙달시켜서 내가 무엇이든 기억하고자 하는 모두 것들을 자신있게 기억할 수 있게 됩니다.

*앞에서 배운 숫자공식의 낱말이나 그 숫자에 해당되는 다른 낱말을 만들어 사용해도 됩니다.

■ 숫자 낱말 공식표 다시 한번 확인하기

십 단위:	10	20	30	40	50	60	70	80	90
	가	나	다	하	마	바	사	아	자

일 단위:	1	2	3	4	5	6	7	8	9	0
	ㄱ	ㄴ	ㄷ	ㄹ	ㅁ	ㅂ	ㅅ	ㅇ	ㅈ	ㅊ
	ㅋ		ㅌ	ㅎ		ㅍ				
	ㄲ		ㄸ			ㅃ	ㅆ		ㅉ	

■ 공동으로 사용하는 숫자

1 : ㄱ, ㅋ, ㄲ	3 : ㄷ, ㅌ, ㄸ	4 : ㄹ, ㅎ
6 : ㅂ, ㅍ, ㅃ	7 : ㅅ, ㅆ	8 : ㅈ, ㅉ

※예를 들어, 'ㄲ' 쌍기역이면 숫자 '11'이 아니고 숫자 '1'로 보면 됩니다.

◆ 참고 사항 ◆

☞ B.C는 Before Christ의 약자로써 말 그대로 예수가 태어나기 이전을 뜻합니다. 이것을 한자어로 "기원전"이라 합니다.

☞ A.D는 Anno Domini의 약자로써 이것은 라틴어로 "신의 나이"를 뜻한다고 예수가 태어난 해를 기점으로 계산하는 것입니다. 이것을 한자어로 옮겨 나타낸 것이 "기원후"라 합니다.

☞ 서기(西紀)라는 용어는 기원후, 즉 A.D와 같은 것으로 예수의 탄생을 기점으로 연대를 계산하는 것이 서양의 기록 방법이기 때문입니다.

☞ 단기(檀紀)는 우리나라의 역사 즉, 고조선이 B.C 2333년에 세워진 것을 기준으로 하는 것을 말합니다.

역사연대 연상결합 훈련과 기억훈련에 대한 설명

역사연대와 주요사건들을 연결하는 기억훈련에서
먼저, 연상 결합문제를 연결하고 나서 다음 장에 결합한
연대의 낱말과 주요내용을 함축하여
그 내용을 쓰기란에 써 보는 훈련이 되므로
그 낱말을 보고 연도를 숫자로 쓰세요.
기억회생 훈련과 본인에게 꼭 필요한 암기할 내용이 아니라도
실전 적응 훈련을 위해서 하나도 빠짐없이 꾸준히 연습하세요.
이 훈련을 통하여 능력이 생기면 언제 어디서
어떤 문제에 부딪쳐 바로 그 즉시 기억하게 될 것입니다.
한번 결합한 것은 영원히 기억할 수 있게
순간적으로 몇 번 반복 기억해 두면
오래도록 머릿속에 그대로 내용이 남게 되므로
장기 기억할 수 있게 되는 것입니다.

**※ 다음에서 더 좋은 숫자 낱말이 있으면
나름대로 바꾸어 기억해도 됩니다.**

※ 숫자기억의 유음은 비슷한 음을 사용한다.
예를 들면 4989=사구팔구, 2424=이사이사가 된다.

역사 연대 B.C 기원전(紀元前) 주요 내용

구석기 ~ 고조선 까지 역사연대 기억하기 기본훈련 문제 1~4까지

문제 ① 기원전 약 70만 년 전 : 구석기 문화

참고 설명 : 뗀석기를 만들어 사용, 짐승과 물고기를 잡아먹음, 식물의 열매와 뿌리도 채집하여 먹고 동굴이나 막집에서 생활하면서 계절에 따라서 이동생활을 함.

연상결합하기 70 칠순 : 칠순 노인이 짐승과 물고기를 잡아서 고희 잔치를 한다.

문제 ② 기원전 6000년경 : 신석기 문화

참고 설명 : 간석기와 낚시, 바늘 등 사용, 빗살무늬 토기사용, 강가나 바닷가에서 물고기를 잡거나 조개 채취나 식물의 열매와 뿌리도 채집 등으로 생활하다가 땅을 일구며 곡식도 심고 추수도 하면서 농경생활을 시작하게 되므로 움집에서 생활하면서 자연히 정착생활을 하게 됨.

연상결합하기 육천년=육우촌 : 간석기, 바늘, 토기를 사용 육우를 잡아 담고 하였으며 어촌에선 물고기와 조개를 채취하였다.

문제 ③ 기원전 2333년 : 단군. 아사달에 도읍, 고조선 건국(삼국유사)

참고 설명 : 단군 할아버지께서는 기원전 2333년 10월 3일 도읍을 청구에서 아사달(삼신께 제사를 지내던 곳)로 옮기고 소도에 제사를 지낸 후 8000의 무리와 함께 거수국의 대제 사람이 될 것을 맹세했고 나라 이름을 고조선이라고 했다. 거수국의 대표 오가의 임금들은 왕검을 고조선의 임금으로 삼아 단군왕검이라 했다. 아사달은 태백산의 신단수를 말한다.

연상결합하기 인삼, 삼삼 : 단군이 고조선 건국 때 인삼의 맛이 삼삼하다 하였다.

문제 ④ 기원전 1000년 : 청동기 문화의 시작, 고조선의 발전

참고 설명 : 구릉지대에 생활하면서 골짜기를 개간하여 농경을 주로 하였고 청동기를 사용하여 도구를 만들기 시작하였으며 지배계급층에 무기나 장식품으로 사용되었고, 청동기, 민무늬토기, 간석기를 사용했다. 족장(군장)이 생기면서 계급사회가 성립되었다.

연상결합하기 천년=천연 : 천연자원을 이용하여 청동기를 만들었다.

구석기 ~ 고조선 까지 역사연대 기억하기 기본훈련   문제 5~7까지

문제 5 기원전 300년 : 철기 문화 보급

참고 설명 : 철기는 주로 생활도구와 무기 제작에 사용. 농기구로는 삽, 괭이, 낫, 무기로는 칼, 창, 화살촉, 공구로는 끌, 톱, 도끼, 자귀 등이 있었다. 철제 농기구를 사용하면서 농업기술이 발달하는 동시에 철제 무기를 전투에 사용하여 부족간에 전쟁이 빈번하게 일어났다.

연상결합하기 삼백=삼베 백색 : 철로 된 삽, 괭이, 낫을 든 농부가 삼베옷을 입다.

문제 6 기원전 194년 : 위만(고조선의 한 국가)의 집권, 고조선의 왕이 됨.

참고 설명 : 기원전 2세기경 서쪽 지방에서 세력을 키운 위만이 준왕을 몰아 내고 고조선의 왕이 되었다.

연상결합하기 한 구석 : 서쪽 한 구석에서 세력을 키운 위만이 고조선의 왕이 됨.

문제 7 기원전 108년 : 고조선(위만의 조선) 멸망, 한 군현 설치

참고 설명 : 고조선은 중국과 한나라 사이에 중계 무역을 하면서 경제적 이익을 얻어 강해지면서 한나라에 대항하려는 세력이 커지자 한나라는 대군을 보내어 수도인 왕검성을 포위, 공격하였다. 위만의 손자인 우거왕은 한나라 대군과 맞서 1년 동안 대항하며 싸웠으나 결국은 왕검성이 함락되면서 고조선은 멸망하였다.

연상결합하기 백팔번뇌 : 고조선이 망하니 백팔번뇌에 잠기다.
  (백팔번뇌 : 불교에서 이르는 108가지의 번뇌)

참고사항 우리 민족의 시대적 발달은 사람들이 남긴 유적과 유물을 통해서 볼 때 선사시대에는 구석기, 신석기, 청동기시대 순으로 발전해 왔으며 비로소 국가의 성립은 청동기시대에 이르러 성립되었다.

- B.C 57년 : 박혁거세 거서간 신라 건국   [다처]를 신나게 거느리고 건국
- B.C 37년 : 동명성왕 고구려 건국   [삼치]구이 먹고 건국
- B.C 18년 : 온조왕 백제 건국   [한팔]로 백성을 제압하고 건국

103

구석기 ~ 고조선까지 역사연대 기억회생하여 쓰기   문제 1~7까지

☞ 앞에서 공부한 주요내용을 연상하여 아래 문제에 해당되는 연도를 낱말로 쓰고 나서 다시 숫자로 기록하세요.

문제 1
구석기 문화
　　연도 낱말쓰기 : [　　　　　]　　연도 숫자쓰기 : [　　　　　년]

문제 2
신석기 문화
　　연도 낱말쓰기 : [　　　　　]　　연도 숫자쓰기 : [　　　　　년]

문제 3
단군, 아사달에 도읍, 고조선 건국
　　연도 낱말쓰기 : [　　　　　]　　연도 숫자쓰기 : [　　　　　년]

문제 4
청동기 문화의 시작, 고조선의 발전
　　연도 낱말쓰기 : [　　　　　]　　연도 숫자쓰기 : [　　　　　년]

문제 5
철기 문화 보급
　　연도 낱말쓰기 : [　　　　　]　　연도 숫자쓰기 : [　　　　　년]

문제 6
위만의 집권, 고조선의 왕이 됨.
　　연도 낱말쓰기 : [　　　　　]　　연도 숫자쓰기 : [　　　　　년]

문제 7
고조선(위만의 조선) 멸망, 한 군현 설치
　　연도 낱말쓰기 : [　　　　　]　　연도 숫자쓰기 : [　　　　　년]

역사 연대 A.D 기원후(紀元後) 서기(西紀) 해설1~3까지

☞ 낱말공식을 활용하거나 아니면 단어를 직접 만들어 글자의 자음을 이용하여 먼저 나오는 자음 순서를 가지고 숫자로 변환하여 연대와 주요내용을 결합하여 기억한다.

해설 1

진대법은 춘궁기에 국가가 농민에게 양곡을 대여 해주기로 규정한 법.
흉년이 들어 굶주린 백성에게 봄에 곡식을 대여 해주고 가을에 추수 후 회수하는 것이며 고구려 때 194년 10월 고국천왕이 왕권강화를 위해 국상 을파소의 건의에 따라, 매년 3~7월에 관가의 곡식을 가구(家口)수에 따라 차등을 두어 대여하였다가 10월에 갚게 하는 제도이다.

194년 : 고구려, 진대법 실시

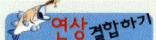 ㄱㅈㄹ : 고국천왕이 굶주려 기절하니 고구려는 진대법을 실시하였다.

해설 2

백제의 제8대 왕(재위 234~286)
6좌평은 모두 (1품)내신좌평 내두좌평 내법좌평 위사좌평 조정좌평 병관좌평 (2품)달솔, (3품)은솔, (4품)덕솔, (5품)한솔, (6품)나솔 [6품 이상은 자색공복] (7품)장덕, (8품)시덕, (9품)고덕, (10품)계덕, (11품)대덕 [7~11품은 비색공복] (12품)문독, (13품)무독, (14품)좌군, (15품)진무, (16품)극우 [12품 이하는 청색공복]을 입도록 하였다.

260년 : 백제(고이왕), 16관등과 공복 제정

ㄴㅂㅊ : 백제의 제정된 공복을 아무나 입으면 납치했다.

해설 3

졸본 지방에서 일어나 한반도 북부와 중국 둥베이[동북] 지방을 무대로 하여 발전한 고대국가이다.
삼국사기에 보면 고구려와 백제 사이에는 낙랑군이 있었는 데 고구려 미천왕이 낙랑을 멸망시키고 나서 백제와 고구려의 전쟁이 시작된다.

313년 : 고구려, 낙랑군 정복

 ㄷㄱㄷ : 낙랑이 멸망하니 딱따구리도 울었다.

역사 연대 A.D 기원후(紀元後) 서기(西紀)   해설 4~7까지

☞ 낱말공식을 활용하거나 아니면 단어를 직접 만들어 글자의 자음을 이용하여 먼저 나오는 자음 순서를 가지고 숫자로 변환하여 연대와 주요내용을 결합하여 기억한다.

해설 4
우리나라에 불교가 전파된 것은 고구려 소수림왕 때 진 나라(전진)의 왕 부견이 승려인 순도를 시켜 불경과 불상을 가지고 들어와 초문사·이불란사 등을 창건하고 설법을 시작한 것이 그 시초이다.

372년 : 고구려(순도), 불교 전래

연상결합하기 ㄷㅅㄴ : 고구려의 순도가 **도산**서원에서 불교를 소수(**소수림왕**)가 전했다.

해설 5
백제가 처음으로 불교를 침류왕 때 인도의 고승 마라난타가 동진으로부터 바다를 건너 백제로 들어 왔다. 백제는 그를 맞아 궁중에 머물게 하고 예로써 극진히 공경하여 백제의 불교가 시작되었다. 백제의 불교는 침류왕 때 공인되었다.

384년 : 백제, 불교 전래

연상결합하기 ㄷㅇㅎ : 백(**백제**)번이나 동진의 **동해**바다로 불교를 **침투**(침류왕)시켜 결국 공인 되었다.

해설 6
백제가 일본에게 한문학과 우리나라 문화를 전함.

405년 : 백제, 일본에 한학 전함

연상결합하기 ㄹㅊㅁ : 일본에 한학을 가르치기 위해 배에 [羅그물 (라)나] **라침**반을 싣고 일본방향으로 배를 조종하며 갔다.

해설 7
광개토대왕과 그의 아들 장수왕은 수도를 평양으로 천도(도읍을 옮김)하고 남하 정책을 시행함.

427년 : 고구려, 평양 천도

연상결합하기 ㅎㄴㅅ : 평양으로 도읍을 옮긴 광개토대왕은 **한 수** 위이다.

역사 연대 A.D 기원후(紀元後) 서기(西紀)   해설 8~10까지

☞ 낱말공식을 활용하거나 아니면 단어를 직접 만들어 글자의 자음을 이용하여 먼저 나오는 자음 순서를 가지고 숫자로 변환하여 연대와 주요내용을 결합하여 기억한다.

해설 ⑧ 나제동맹은 신라와 백제가 동맹을 맺은 것이며 이유는 고구려를 치기 위해서이다. 고구려를 어느 중점에 두고 백제와 신라가 합쳐 힘을 키우기 위함.

433년 : 나·제 동맹 성립

연상결합하기 ㅎㄷㄷ : 해 돋는 아침에 나·제 동맹을 맺어 낮에 고구려를 친다.

해설 ⑨ 502년에 순장을 금지하는 법령을 내리고, 주군에 명하여 농업을 권장하도록 하였으며, 비로소 우경(牛耕)을 시행하도록 하는 일련의 개혁조처를 단행함으로써 농업생산력 증대의 계기를 마련하였다.
이 무렵에는 벼농사가 확대, 보급되면서 수리사업도 활발히 진행되었다.

502년 : 신라, 우경 실시

연상결합하기 ㅁㅊㄴ : 신나게(신라) 소(우경)를 몰고 미친 듯이 밭을 갈다.

해설 ⑩ 사라, 사로, 신라 등 다양하게 사용되고 있던 국명을 신라로 확정하였으며, 왕호를 방언인 마립간에서 중국식인 왕으로 바꾸었다.
22대 지증왕부터 비로소 고대국가로 정비된 신라국의 왕이 되었다.

503년 : 신라, 국호와 왕호 정함

연상결합하기 ㅁㅊㄷ : 국호는 신라, 왕호는 마립간에서 지증왕으로 추대하였다.

역사사건의 제목과 연상 결합하여 만들어 놓은 문제 1~10 해답

☞ 앞에서 공부한 역사 사건의 주요 핵심 단어와 숫자의 낱말 결합이 잘 안되면 이미 결합해 놓은 것을 가지고 기억해도 됩니다.

문제 1 고구려, 진대법 실시
연상결합 해답 : ㄱㅈㄹ : 기절 [194년]

문제 2 백제(고이왕), 16관등과 공복 제정
연상결합 해답 : ㄴㅂㅊ : 납치 [260년]

문제 3 고구려, 낙랑군 정복
연상결합 해답 : ㄷㄱㄷ : 딱따구리 [313년]

※내용연상결합 1 ~ 3 : 기절한 공복 납치 낙랑을 멸망시키다.

문제 4 고구려(순도) 불교 전래, 태학 설치
연상결합 해답 : ㄷㅅㄴ : 도산서원, 대순교 [372년]

문제 5 백제 불교 전래
연상결합 해답 : ㄷㅇㅎ : 동해 [384년]

문제 6 백제, 일본에 한학 전함
연상결합 해답 : ㄹㅊㅁ : (나)라침반 [405년]

※내용연상결합 4 ~ 6 : 대학생이 도산서원에서 한학을 배우다.

문제 7 고구려, 평양 천도
연상결합 해답 : ㅎㄴㅅ : 한 수 [427년]

문제 8 나·제 동맹 성립
연상결합 해답 : ㅎㄷㄷ : 해 돋는 [433년]

문제 9 신라, 우경 실시
연상결합 해답 : ㅁㅊㄴ : 미친 [502년]

※내용연상결합 7 ~ 9 : 한 수 위의 나제동맹이 미친놈을 추대하다.

문제 10 신라, 국호와 왕호 정함
연상결합 해답 : ㅁㅊㄷ : 마, 추대 [503년]

※내용연상결합 10 : 마립간에서 지증왕으로 추대되었다.

| 핵심 | 내용을 연상하여 역사연대 기억하여 쓰기 | | 문제 1~10 |

☞ 앞에서 공부한 주요내용을 연상하여 아래 문제에 해당되는 연도를 낱말로 쓰고 나서 다시 숫자로 기록하세요.

	핵심 내용	연도 낱말쓰기	연도 숫자쓰기
문제 1	고구려, 진대법 실시	[ ]	[년]
문제 2	백제(고이왕), 16관등과 공복 제정	[ ]	[년]
문제 3	고구려, 낙랑군 정복	[ ]	[년]
문제 4	고구려(순도), 불교 전래, 태학 설치	[ ]	[년]
문제 5	백제, 불교 전래	[ ]	[년]
문제 6	백제, 일본에 한학 전함	[ ]	[년]
문제 7	고구려, 평양 천도	[ ]	[년]
문제 8	나·제 동맹 성립	[ ]	[년]
문제 9	신라, 우경 실시	[ ]	[년]
문제 10	신라, 국호와 왕호 정함	[ ]	[년]

역사 연대 A.D 기원후(紀元後) 서기(西紀) 해설11~14까지

☞ 낱말공식을 활용하거나 아니면 단어를 직접 만들어 글자의 자음을 이용하여 먼저 나오는 자음 순서를 가지고 숫자로 변환하여 연대와 주요내용을 결합하여 기억한다.

해설 ⑪ 율령이란, 형률과 법령의 뜻으로 모든 국법을 통틀어 이르는 말.
법흥왕 7년 율령 반포는 6부 체제가 해체된 뒤 왕을 중심하여 전국적으로 적용되는 국왕의 법률이라 할 수 있다. 신분 제도나 형벌 법규 등이 주요 내용이었을 것으로 짐작된다. 율령의 반포는 곧 중앙 집권적 관료 체제의 확립을 의미하기도 한다.

520년 : 신라, 율령 반포.

연상결합하기 ㅁㄴㅊ : 법흥왕 7년 율령을 반포한 후 주석에서 만취되다.

해설 ⑫ 법흥왕은 근신 이차돈을 희생시키고서야 비로소 불교를 공인할 수 있었다. 신라에서는 불교의 공인과정이 단순하지 않은 관계로, 그 단계를 전래기, 과도기, 수용기로 구분하고 있다.
즉, 눌지왕 때 아도화상의 전교로부터, 소지왕 때의 사금갑 사건을 거쳐서 법흥왕 때의 이차돈 사건을 겪으면서 신라에 불교가 수용된 것이다.

527년 : 신라, 불교 공인

연상결합하기 ㅁㄴㅅ : 법흥왕 때 이차돈의 사건으로 불교가 승인되고 만사가 잘되다.

해설 ⑬ 임금의 재위 연대에 붙이는 칭호. '광무(光武)'·'융희(隆熙)' 따위. 다년호.
법흥왕은 그해 23년인 536년에 독자적으로 연호를 세워 건원(建元)이라 하였으며 진흥왕 때 (개국)·(대창)·(홍제), 진평왕 때 (건복), 선덕왕 때 (인평), 진덕왕 때 (태화)를 사용하였다.

536년 : 신라, 연호 사용

연상결합하기 ㅁㄷㅂ : 신라가 연호를 사용한다니 모두 무답했다.

해설 ⑭ 그 나라의 수도 성왕은 우선 도읍을 사비성(오늘날의 부여)으로 옮긴 뒤 국호를 [남부여]로 바꾸었다.

538년 : 백제, 도읍을 사비성으로 옮김

연상결합하기 ㅁㄷㅇ : 백제의 도읍은 사비성 마당으로 정하였다.

역사 연대 A.D 기원후(紀元後) 서기(西紀) 해설 15 ~ 18까지

☞ 낱말공식을 활용하거나 아니면 단어를 직접 만들어 글자의 자음을 이용하여 먼저 나오는 자음 순서를 가지고 숫자로 변환하여 연대와 주요내용을 결합하여 기억한다.

해설 ⑮ 나라의 역사자료를 수집하고 정리하여 책을 만들어냄.
진흥왕때 국사 편찬.

545년 : 신라, 국사 편찬

연상 결합하기 ㅁㅎㅁ : 신라 진흥왕 때 국사 편찬을 모함하는 관료도 있었다.

해설 ⑯ 백제 성왕 때에 불교와 함께 금동불상, 불경 등을 일본에 전함.

552년 : 백제, 일본에 불교 전함.

연상 결합하기 ㅁㅁㄴ : 백제가 불교를 일본에 전하니 불경과 불상을 매만지다.

해설 ⑰ (薩)보살 살, (水)물 수, (大)큰 대, (捷)이길 첩, 고구려의 군사가 수나라의 대군을 크게 물리쳐 이긴 일.
수나라가 고구려를 침공했을 때 을지문덕 장군이 살수(지금의 청천강)에서 수나라 군사들을 물살이 약하여 건너는 것을 둑을 터뜨려 그 주력 부대를 공격하여 전멸시킨 것을 말함.

612년 : 고구려, 살수 대첩

연상 결합하기 ㅂㄱㄴ : 을지문덕 장군의 살수 대첩에 수나라 군사는 비관에 빠지다.

해설 ⑱ 도교의 원뜻은 도를 설명하는 가르침이다. 도(道)란, 유가(儒家)나 도가(道家)를 비롯하여 중국의 모든 사상과 철학을 설명하는 학설의 중심으로, 중국인의 토착 종교. 노자의 사상, 불교적 의식의 기초에 존재하는 것이다.

624년 : 고구려, 당으로부터 도교 전래

연상 결합하기 ㅂㄴㄹ : 고구려는 당나라로부터 도교 전래를 반려하다.

111

역사 연대 A.D 기원후(紀元後) 서기(西紀) 해설19~20까지

☞ 낱말공식을 활용하거나 아니면 단어를 직접 만들어 글자의 자음을 이용하여 먼저 나오는 자음 순서를 가지고 숫자로 변환하여 연대와 주요내용을 결합하여 기억한다.

해설 ⑲ 안시성은 고구려의 요새로 지금의 요녕성 해성 남동쪽에 있으며 안시성의 싸움은 당나라가 고구려를 침략했다. 군사적으로 매우 중요한 요충지이므로 성안의 주민들과 장군, 장수, 군사, 등 모두가 성을 지키기 위해 죽을 각오로 싸웠으며 마침내 당나라는 후퇴를 할 수밖에 없었다.

645년 : 고구려, 안시성 싸움 승리

연상 결합하기 ㅂㄹㅁ : 안시성의 성안 주민, 장수, 군사 모두가 죽을 각오로 싸워 지켜내니 **보람**을 느낀다.

해설 ⑳ 경주 반월성 동북쪽에 있는 우아하고 아담한 병과 같은 모양의 석조물이다. 현존하는 동양 최고의 천문대 유물로 널리 알려졌으며 이 첨성대는 신라 선덕여왕 때 세운 것이다.

647년 : 신라, 첨성대 건립

연상 결합하기 ㅂㄹㅅ : 신라는 별을 **볼 수** 있게 첨성대를 세웠다.

112

| 핵심 | 내용을 연상하여 역사연대 기억하여 쓰기 | 문제 11~20 |

☞ 앞에서 공부한 주요내용을 연상하여 아래 문제에 해당되는 연도를 낱말로 쓰고 나서 다시 숫자로 기록하세요.

	핵심 내용	연도 낱말쓰기	연도 숫자쓰기
문제 11	신라, 율령 반포	[ ]	[년]
문제 12	신라, 불교 공인	[ ]	[년]
문제 13	신라, 연호 사용	[ ]	[년]
문제 14	백제, 도읍을 사비성으로 옮김	[ ]	[년]
문제 15	신라, 국사 편찬	[ ]	[년]
문제 16	백제, 일본에 불교 전함	[ ]	[년]
문제 17	고구려, 살수 대첩	[ ]	[년]
문제 18	고구려, 당으로부터 도교 전래	[ ]	[년]
문제 19	고구려, 안시성 싸움 승리	[ ]	[년]
문제 20	신라, 첨성대 건립	[ ]	[년]

역사사건의 제목과 연상 결합하여 만들어 놓은 문제 11~20 해답

☞ 앞에서 공부한 역사 사건의 주요 핵심 단어와 숫자의 낱말 결합이 잘 안되면 이미 결합해 놓은 것을 가지고 기억해도 됩니다.

문제 11 신라, 율령 반포
연상결합 해답 : ㅁㄴㅊ : 만취 [520년]

문제 12 신라, 불교 공인
연상결합 해답 : ㅁㄴㅅ : 만사 [527년]

문제 13 신라, 연호 사용
연상결합 해답 : ㅁㄷㅂ : 무 답 [536년]

※내용연상결합 11~13 : 만취된 상태에서 이차돈은 무(無, 없을 무) 답이다.

문제 14 백제의 도읍을 사비성으로 옮김
연상결합 해답 : ㅁㄷㅇ : 마당 [538년]

문제 15 신라의 국사 편찬
연상결합 해답 : ㅁㅎㅁ : 모함 [545년]

문제 16 백제, 일본에 불교를 전함
연상결합 해답 : ㅁㅁㄴ : 매만 [552년]

※내용연상결합 14~16 : 백제의 도읍을 모함하니 매만지고 있다.

문제 17 고구려, 살수 대첩
연상결합 해답 : ㅂㄱㄴ : 비관 [612년]

문제 18 고구려, 당으로부터 도교 전래
연상결합 해답 : ㅂㄴㄹ : 반려 [624년]

문제 19 고구려, 안시성 싸움
연상결합 해답 : ㅂㄹㅁ : 보람 [645년]

※내용연상결합 17~19 : 수, 당의 침입으로 도교를 반려한다.

문제 20 신라, 첨성대 건립
연상결합 해답 : ㅂㄹㅅ : 볼 수 [647년]

※내용연상결합 20 : 첨성대 안에서 별을 볼 수 있다.

역사 연대 A.D 기원후(紀元後) 서기(西紀)   해설 21~24까지

☞ 낱말공식을 활용하거나 아니면 단어를 직접 만들어 글자의 자음을 이용하여 먼저 나오는 자음 순서를 가지고 숫자로 변환하여 연대와 주요내용을 결합하여 기억한다.

해설 21 백제의 의자왕이 왕위에 오르고 나서부터 귀족들을 통합, 왕권강화를 해내지 못해 분열되면서 완전히 세력이 기울여지게 된다. 백제는 신라의 첫 번째 정복대상이었으며 당과 동맹을 맺어서 백제를 무너뜨리게 되므로 당과 신라가 동시에 양방에서 쳐들어오니 막을 재간이 없어서 백제는 멸망하게 된다.

660년 : 백제 멸망

연상결합하기 ㅂㅂㅊ : 법치 국가인 백제가 멸망하다.

해설 22 고구려의 멸망은 오랜 기간의 전쟁, 동맹국 백제의 멸망, 연개소문 사후 아들들 간의 다툼으로 볼 수 있다. 멸망원인은 연개소문의 죽음으로 인한 지휘권자의 부재로 통일이 되지 않았다는 점이다. 그리고 당나라는 수나라 때의 일을 거울삼아 고구려의 경제에 치명적인 타격을 입히도록 전투를 1년여 간 지속하고 최대의 방해자인 백제를 먼저 멸망시켰다.

668년 : 고구려 멸망

연상결합하기 ㅂㅂㅇ : 고구려의 멸망은 고구마 먹으면서 비방하다 망했다.

해설 23 신라는 당시 중국의 당나라(당나라도 고구려를 견제하고 있었음)와 동맹을 맺게 된다. 이렇게 나당(신라의 나, 당나라의 당)연합으로 막강한 군사력을 가지고 백제를 치고, 고구려를 치게 되므로 백제멸망(660)·고구려멸망(668)·나당 전쟁 후에 통일(676) 신라만이 남게 된다.

676년 : 신라, 삼국 통일

연상결합하기 ㅂㅅㅂ : 보습학원 시험문제에 삼국 통일이 나왔다.

해설 24 우리나라 국학은 신문왕 2년(682)에 설립, 통일신라의 교육기간인 국학은 고급관리를 양성할 목적으로 세워진 것으로 모든 국민을 대상으로 하는 것은 아니었다.

682년 : 국학을 세움

연상결합하기 ㅂㅇㄴ : 내용을 보완해서 국학을 세우다.

역사 연대 A.D 기원후(紀元後) 서기(西紀)   해설 25 ~ 28까지

☞ 낱말공식을 활용하거나 아니면 단어를 직접 만들어 글자의 자음을 이용하여 먼저 나오는 자음 순서를 가지고 숫자로 변환하여 연대와 주요내용을 결합하여 기억한다.

해설 25 통일신라시대의 (신문왕 5) 685년 전국의 행정구역을 9주 5소경으로 재조직하였다. 전국을 9주로 나누고, 주 밑에 군(郡)·현(縣)을 두어 조직을 계통화 하였으며 군에는 수(守), 현에는 영(令)을 두어 각각 그 수장(首長)으로 하였다. 소백산맥 외곽지역에 4소경(남원경, 북원경, 중원경, 서원경)을 배치하고, 김해지역의 금관경과 합하여 5소경이라 하였다.

685년 : 9주 5소경 설치

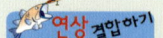 ㅂㅇㅁ : 통일신라시대 9주 5소경에 전염병이 번져 백성이 병마에 휩싸인다.

해설 26 중국 둥베이[동북] 지방 동부·연해주·한반도 북부에 있던 나라(698~926년). 고구려 유민과 말갈인을 규합하여, 698년 길림성의 동모산 근처에 도읍을 정하고 발해를 세웠다.

698년 : 발해의 건국

 ㅂㅈㅇ : 대조영이 비장한 각오로 발해를 건국했다.
(대조영은 발해를 건국한 고구려 유민 출신 장군)

해설 27 신라 성덕왕 때, 722년 15세 이상의 남자에게 나라에서 나누어 주던 토지인 정전(丁田)을 지급하여 국가에 조세를 바치게 했다.

722년 : 신라, 정전 지급

 ㅅㄴㄴ : 신라 15세 이상의 남자는 정전 조세로 수난을 겪는다.

해설 28 경북 경주시 진현동 토함산에 있는 절. 대한 불교 조계종 11교구 본사(本寺)의 하나로 그 경내는 사적 및 명승 제1호로 지정되어 있다. 1995년 12월 불국사와 함께 유네스코 세계문화유산으로 공동 등록된 국보 24호이며 불국사의 암자이다. 정식 문화재 명칭은 석굴암 석굴이다. 서기 751년 경덕왕 때 창건하기 시작하여 혜공왕 10년(774)에 완공하였다.

751년 : 불국사와 석굴암 세움

 ㅅㅁㄱ : 수목을 제거한 자리에 불국사와 석굴암을 세웠다.

역사 연대 A.D 기원후(紀元後) 서기(西紀)   해설 29~30까지

☞ 낱말공식을 활용하거나 아니면 단어를 직접 만들어 글자의 자음을 이용하여 먼저 나오는 자음 순서를 가지고 숫자로 변환하여 연대와 주요내용을 결합하여 기억한다.

해설 29 신라 38대 원성왕(788년) 독서삼품과를 설치하여 벼슬을 주었다. '춘추좌씨전', '예기', '문선'을 읽어서 그 뜻을 능히 알고, 이와 동시에 '논어'와 '효경'에 밝은 자를 상등으로 하고, '곡례', '논어', '효경'을 읽은 자를 중등으로 하고, '곡례'와 '효경'을 읽은 자를 하등으로 하였다. 5경, 3사, 제자백가서에 모두 능통한 자는 절차를 밟지 않고 등용하였다. 즉, 문(文) 위주로 인재를 뽑았다.

788년 : 독서삼품과 설치

연상결합하기 ㅅㅇㅇ : 새옹지마 격으로 독서 삼품에 모두 합격했다.
(새옹지마는 인생에 있어서 길흉화복은 항상 바뀌어 미리 헤아릴 수가 없다는 뜻)

해설 30 828년(신라 흥덕왕 3) 장보고는 군사 1만 명을 이끌고 중국과 일본 해로의 요해처인 청해에 진(鎭)을 설치하고 가리포에 성(城)을 쌓아 항만을 보수, 전략적 거점을 마련하였다. 청해진을 중심으로 한 서남 해안의 해상권을 장악한 그는 당시에 성행하던 중국의 해적을 소탕하는 한편, 중국과 일본 사이에 끼어들어 동방무역의 패권을 잡게 되었다. 결국 청해진은 중계무역 장으로서 서남 해로의 요해처(지세가 아군에게는 유리하고 적에게는 불리한 곳) 구실을 하였다.

828년 : 장보고, 청해진 설치

연상결합하기 ㅇㄴㅇ : 장보고는 언어실력이 좋아 중국 청해진에서 무역을 하였다.

117

역사사건의 제목과 연상 결합하여 만들어 놓은 문제 21~30 해답

☞ 앞에서 공부한 역사 사건의 주요 핵심 단어와 숫자의 낱말 결합이 잘 안되면 이미 결합해 놓은 것을 가지고 기억해도 됩니다.

문제 21 백제의 멸망
　　　　 연상결합 해답 : ㅂㅂㅊ : 법치　　　　　　　　　　　　　　　　[660년]

문제 22 고구려의 멸망
　　　　 연상결합 해답 : ㅂㅂㅇ : 비방　　　　　　　　　　　　　　　　[668년]

문제 23 신라, 삼국통일
　　　　 연상결합 해답 : ㅂㅅㅂ : 보습　　　　　　　　　　　　　　　　[676년]

　　　　 ※내용연상결합 21~23 : 만취된 상태에서 이차돈은 무 답이다.

문제 24 국학을 세움
　　　　 연상결합 해답 : ㅂㅇㄴ : 보안　　　　　　　　　　　　　　　　[682년]

문제 25 9주 5소경 설치
　　　　 연상결합 해답 : ㅂㅇㅁ : 병마　　　　　　　　　　　　　　　　[685년]

문제 26 발해의 건국
　　　　 연상결합 해답 : ㅂㅈㅇ : 비장　　　　　　　　　　　　　　　　[698년]

　　　　 ※내용연상결합 24~26 : 보안하여 병마와 비장하게 싸운 대조영

문제 27 신라, 정전 지급
　　　　 연상결합 해답 : ㅅㄴㄴ : 수난　　　　　　　　　　　　　　　　[722년]

문제 28 불국사와 석굴암 세움
　　　　 연상결합 해답 : ㅅㅁㄱ : 수목　　　　　　　　　　　　　　　　[751년]

문제 29 독서삼품과 설치
　　　　 연상결합 해답 : ㅅㅇㅇ : 새옹지마　　　　　　　　　　　　　　[788년]

　　　　 ※내용연상결합 27~29 : 수난을 겪은 수목이 새옹지마로 살다.

문제 30 장보고, 청해진 설치
　　　　 연상결합 해답 : ㅇㄴㅇ : 언어　　　　　　　　　　　　　　　　[828년]

　　　　 ※내용연상결합 30 : 중국과 무역을 위해 언어의 장벽을 뚫은 장보고

| 핵심 | 내용을 연상하여 역사연대 기억하여 쓰기 | 문제 21~30 |

☞ 앞에서 공부한 주요내용을 연상하여 아래 문제에 해당되는 연도를 낱말로 쓰고 나서 다시 숫자로 기록하세요.

	핵심 내용	연도 낱말쓰기	연도 숫자쓰기
문제 21	백제 멸망	[ ]	[년]
문제 22	고구려 멸망	[ ]	[년]
문제 23	신라, 삼국통일	[ ]	[년]
문제 24	국학을 세움	[ ]	[년]
문제 25	9주 5소경 설치	[ ]	[년]
문제 26	발해의 건국	[ ]	[년]
문제 27	신라, 정전 지급	[ ]	[년]
문제 28	불국사와 석굴암 세움	[ ]	[년]
문제 29	독서삼품과 설치	[ ]	[년]
문제 30	장보고, 청해진 설치	[ ]	[년]

역사 연대 A.D 기원후(紀元後) 서기(西紀)   해설 31~34까지

☞ 낱말공식을 활용하거나 아니면 단어를 직접 만들어 글자의 자음을 이용하여 먼저 나오는 자음 순서를 가지고 숫자로 변환하여 연대와 주요내용을 결합하여 기억한다.

해설 31 관원의 옷 모양이나 빛깔 등 새로 제정된 제도를 널리 알림.
834년 : 백관의 복색 제도 공포

연상결합하기 ㅇㄷㄹ : 백관의 복색 옷을 우리 아들이 입기를 원한다.

해설 32 888년(진성여왕 2)에 각간, 위홍,과 대구화상이 왕명에 따라 향가(민가에 널리 펴졌던 우리의 시가)를 수집하여 엮은 것으로, 한국 최초의 가집(歌集)이다. '삼대(三代)'에 대하여는 여러 가지 설이 있으나, 신라의 상대·중대·하대의 3대를 가리키고, '목(目)'은 집목(集目) 또는 요목(要目)·절목(節目)의 뜻으로서, '삼대의 집(集)'이라는 뜻으로 풀이 된다.
888년 : 신라, 삼대목 편찬

연상결합하기 ㅇㅇㅇ : 신나게 아아아 목청을 크게 세 번 높여서 삼대목을 편찬 하였다.

해설 33 후삼국의 하나인 신라 효공왕 때 상주사람 견훤 892년 완산주(전주)에서 세운 나라로 건국한지 45년 만에 고려에게 패망함.(892~936)
892년 : 견훤, 후백제 건국

연상결합하기 ㅇㅈㄴ : 신라의 효공왕 어전에 맞서 견훤이 후백제를 건국했다.

해설 34 후신라 말 궁예가 세운 나라(901~918). 궁예는 권력 투쟁에서 밀려난 신라 왕족의 후예로서 북원(원주)지방의 도적 집단인 양길의 아래로 들어가 강원도, 경기도 일대의 중부 지방을 점령합니다. 이어 예성강 유역의 황해도 지역까지 세력을 넓혔다. 그는 양길을 몰아낸 다음 송악(개성)에 도읍을 정하고 후고구려를 세웠다.
901년 : 궁예, 후고구려 건국

연상결합하기 ㅈㅊㄱ : 궁예가 어린 시절 자치기 하다가 눈이 다쳤고 그 후 고구려를 건국했다.

역사 연대 A.D 기원후(紀元後) 서기(西紀) 해설 35~37까지

☞ 낱말공식을 활용하거나 아니면 단어를 직접 만들어 글자의 자음을 이용하여 먼저 나오는 자음 순서를 가지고 숫자로 변환하여 연대와 주요내용을 결합하여 기억한다.

해설 35 왕건이 신라 말에 분열된 한반도를 다시 통일하여 세운 왕조(918~1392) 공양왕까지 34대 475년간 존속했다.
신라 말에 송악(개성)의 토호였던 왕건은 태봉의 왕인 궁예의 부하로 있다가 918년 궁예를 추방하고 즉위하여 국호는 고구려를 이어받는다는 의미로 고려라 하였고 연호를 천수(天授)라고 하여 고려를 건국하였다.

918년 : 왕건, 고려 건국

연상결합하기 ㅈㄱㅇ : 궁예가 죽어 그 뒤를 이어 왕건이 태조로 **즉위**되다.

해설 36 발해가 쇠퇴할 무렵인 916년에 야율아보기는 거란족을 통일하고 황제가 되었다. 그는 중원지방으로 진출하기 위해서는 배후세력인 발해를 먼저 제거하지 않으면 안되었다. 마침내 925년 12월 말에 야율아보기는 군대를 이끌고 발해를 공격하여 보름만인 그 이듬해 926년 1월 15일에 멸망시켰다. 이때 발해는 귀족 간의 권력투쟁이 극심하였기 때문에 거란의 침입을 효과적으로 방어할 수 없었다. 이로써 15대 왕 (230년)간 지속된 발해의 역사는 끝이 났다.

926년 : 발해 멸망

연상결합하기 ㅈㄴㅂ : 발해는 귀족 간에 권력 다툼으로 **전비**를 보충 못하여 거란은 야율아보기에게 항복하였다.

해설 37 신라의 시조 박혁거세가 한반도의 동남쪽에 자리 잡아 세운 나라로써 태종 무열왕 때 백제와 고구려를 멸하여 삼국을 통일하였으나 경순왕 때 고려의 태조 왕건에게 멸망함.(B.C57~A.D935)

935년 : 신라 멸망

연상결합하기 ㅈㄷㅁ : 신라는 경순왕 때 왕족의 **좌담**으로 왕건에게 나라를 넘겨주었다.

역사 연대 A.D 기원후(紀元後) 서기(西紀)   해설 38~40까지

☞ 낱말공식을 활용하거나 아니면 단어를 직접 만들어 글자의 자음을 이용하여 먼저 나오는 자음 순서를 가지고 숫자로 변환하여 연대와 주요내용을 결합하여 기억한다.

해설 38   삼국의 정세는 고려와 후백제의 다툼으로 가다가 공산전투에서 고려가 후백제에 패하면서 한동안은 후백제에 유리해져 갔지만 그러나 고창전투에서 고려가 승리하면서 전세가 역전되어 신라호족들이 대거 고려에 귀속하므로 기어이 신라 경순왕은 고려에 항복을 합니다.(935년) 이 무렵 후백제에서 내분이 일어나 견훤의 유력한 후계자였던 넷째 아들 금강을 장남 신검, 차남 양검, 삼남 용검 등이 제거하고, 견훤까지 금산사에 가두고 신검이 후백제 2대왕이 됩니다. 하지만 견훤은 나주(궁예가 세운 후고구려 시절에 왕건이 점령)를 통해 고려에 항복하고 왕건은 견훤을 도와준다는 명분으로 후백제를 침략 신검은 고려군에 대패하여 결국 고려는 936년에 후삼국을 통일합니다.

> 936년 : 고려, 후삼국 통일

연상결합하기   ㅈㄷㅂ : 고려는 **지도부**에서 작전을 잘 짜서 후삼국을 통일했다.

해설 39   고려 초기 956년(광종 7)은 노비의 안검을 명령하고 억울하게 노비가 된 사람을 조사하여 다시 양인이 될 수 있도록 조처하는 법이며 이것은 호족에게 귀속되던 세금을 국가에 환원시키고 호족의 사병을 감소시킴으로써 호족의 약화와 왕권의 강화라는 결과를 가져오게 하였다. 그러나 호족의 강력한 반발로 크게 성공하지 못하였다.

> 956년 : 노비안검법 실시

연상결합하기   ㅈㅁㅂ : **잠바** 입은 노비들 안검사하고 방면시켜 준다.

해설 40   벼슬아치, 관료를 임용하기 위하여 치른 시험을 말하며 과거는 문관 시험인 문(文)과와 무관 시험인 무(武)과 그리고 기술관 시험인 잡과(雜科)로 분류하였다.

> 958년 : 과거 제도 실시

연상결합하기   ㅈㅁㅇ : 주몽이 과거시험에 **지망**하다.

| 핵심 | 내용을 연상하여 역사연대 기억하여 쓰기 | 문제 31~40 |

☞ 앞에서 공부한 주요내용을 연상하여 아래 문제에 해당되는 연도를 낱말로 쓰고 나서 다시 숫자로 기록하세요.

	핵심 내용	연도 낱말쓰기	연도 숫자쓰기
문제 31	백관의 복색 제도 공포	[ ]	[년]
문제 32	신라, 삼대목 편찬	[ ]	[년]
문제 33	견훤, 후백제 건국	[ ]	[년]
문제 34	궁예, 후 고구려 건국	[ ]	[년]
문제 35	왕건, 고려 건국	[ ]	[년]
문제 36	발해 멸망	[ ]	[년]
문제 37	신라 멸망	[ ]	[년]
문제 38	고려, 후삼국 통일	[ ]	[년]
문제 39	노비안검법 실시	[ ]	[년]
문제 40	과거 제도 실시	[ ]	[년]

역사사건의 제목과 연상 결합하여 만들어 놓은 문제 31~40 해답

☞ 앞에서 공부한 역사 사건의 주요 핵심 단어와 숫자의 낱말 결합이 잘 안되면 이미 결합해 놓은 것을 가지고 기억해도 됩니다.

문제 31 백관의 복색 제도 공포
연상결합 해답 : ㅇㄷㄹ : 아들 [834년]

문제 32 신라, 삼대목 설치
연상결합 해답 : ㅇㅇㅇ : 아아아 [888년]

문제 33 견훤, 후백제 건국
연상결합 해답 : ㅇㅈㄴ : 어전 [892년]

※내용연상결합 31~33 : 아들이 삼대목 시가를 어전에서 읊다.

문제 34 궁예, 후고구려 건국
연상결합 해답 : ㅈㅊㄱ : 자치기 [901년]

문제 35 왕건, 고려 건국
연상결합 해답 : ㅈㄱㅇ : 즉위 [918년]

문제 36 발해의 멸망
연상결합 해답 : ㅈㄴㅂ : 전비 [926년]

※내용연상결합 34~36 : 궁예의 뒤를 이은 왕건이 발해를 멸망시킨 거란의 위협을 받다.

문제 37 신라의 멸망
연상결합 해답 : ㅈㄷㅁ : 좌담 [935년]

문제 38 고려, 후삼국 통일
연상결합 해답 : ㅈㄷㅂ] : 지도부 [936년]

문제 39 노비안검법 실시
연상결합 해답 : ㅈㅁㅂ : 잠바 [956년]

※내용연상결합 37~39 : 신라는 좌담하는 지도부가 노비안검법 실시하였음.

문제 40 과거제도 실시
연상결합 해답 : ㅈㅁㅇ : 지망 [958년]

※내용연상결합 40 : 주몽이 과거시험에 지망하다.

역사 연대 A.D 기원후(紀元後) 서기(西紀)

해설41~43까지

☞ 낱말공식을 활용하거나 아니면 단어를 직접 만들어 글자의 자음을 이용하여 먼저 나오는 자음 순서를 가지고 숫자로 변환하여 연대와 주요내용을 결합하여 기억한다.

해설 41 고려시대에 현직 벼슬아치나 공신 등에게 그 품위에 따라 토지와 임야를 나누어 주던 제도임. 976년(경종 1) 직산관전시과를 설치하면서부터 시작되었으며 시정전시과라고도 한다. 문무백관에서 한인(閑人)에 이르기까지 국가 관직에 복무하거나 또는 직역을 부담하는 자들에 대하여 그 지위에 따라 응분의 전토(田土)와 시지를 지급하던 제도이다.

976년 : 전시과 실시

연상결합하기 ㅈㅅㅂ : 전시에 공을 세운 현직관리가 토지 임야를 죄 소비하다.

해설 42 고려시대 중앙행정체제 983년(성종 2)에 12목(牧)을 설치하면서 지방행정에 대한 통제와 중앙집권화를 위하여 지방관을 파견하여 상주하게 하였다. 중앙행정 기구를 재편성하여 내사성·문화성·상서성의 3성을 두어 고등행정을 맡게 하였으며 이(吏)·호(戶)·예(禮)·병(兵)·형(刑)·공(工)의 6부(部)를 두어 국무를 분장하게 하였다.

983년 : 전국에 12목 설치, 3성 6부를 정함.

연상결합하기 ㅈㅇㄷ : 장대로 12목을 설치하고 그 중앙에 3성6부를 두었다.

해설 43 고려 시대에 유학을 가르치던 최고의 교육 기관이며 관리임용을 위하여 중앙에 설치하였던 교육기관의 하나를 말한다. 당초 고려에는 교육기관으로 경학이 있었으나 성종11년(992) 제도정비에 의해 국자감으로 개편되면서 고려 시대 과거 시험은 2차 시험 합격자와 국자감 3년 이상 수학자를 대상으로 하여 최종 시험을 실시하였다.

992년 : 국자감 설치

연상결합하기 ㅈㅈㄴ : 지존 높은 관리임용을 위해 자존심 때문에 중앙에 교육기관을 두었다.

역사 연대 A.D 기원후(紀元後) 서기(西紀) 해설44~46까지

☞ 낱말공식을 활용하거나 아니면 단어를 직접 만들어 글자의 자음을 이용하여 먼저 나오는 자음 순서를 가지고 숫자로 변환하여 연대와 주요내용을 결합하여 기억한다.

해설 44 고려 성종 때 주조된 한국 최초의 화폐이며 철전과 동전의 두 종류가 있으며 외형은 둥글고 가운데에는 네모의 구멍이 있다. 건원중보라는 이름의 화폐는 이미 중국 당나라 숙종의 건원 연간(756~762)에 발행되었으며 고려는 이를 모방하여 앞면에는 '건원중보'라는 화폐이름을 새기고, 뒷면에는 위아래로 '동국(東國)'이라 표기하여 996년(성종 15) 철전을 처음으로 주조하였다가 이듬해 유통시켰다. (주권에 가격표시가 없는 화폐이다).

996년 : 철전(건원중보)의 주조

연상결합하기 ㅈㅈㅂ : 철전인 건원중보는 요즘 동전에 비하여 조잡하다.

해설 45 1009년(고려 목종 12) 강조가 목종을 시해하고 일으킨 정변이며 고려 제7대 왕 목종이 18세에 즉위하여 20세가 넘도록 후사를 얻지 못하였는 데 1003년(목종 6) 갑자기 병석에 눕게 되었다. 이 때 천추태후와 김치양은 그들 사이에서 난 자식으로 목종의 뒤를 잇게 할 음모를 꾸미던 중 목종이 죽었다는 헛소문이 나돌게 되었으며, 이렇게 되자 강조는 김치양 일파를 몰아내고 목종의 뜻대로 대량군을 임금의 자리에 앉히려고 하였다. 강조가 군사를 이끌고 개경으로 오던 도중에 목종이 아직 살아 있다는 소식을 듣게 되었다. 입장이 난처해진 강조는 부하 제장과 의논한 후 별장으로 하여금 대량군을 맞이하게 하고 자신은 개경으로 들어가 목종에게 퇴위를 강요하며 대량군을 내세워 왕으로 삼았다.

1009년 : 강조의 정변

연상결합하기 ㄱㅊㅊㅈ : 목종의 실정을 강조하여 퇴위시키고 현종을 옹립(1009) 천(9)재적 기질을 발휘함.

해설 46 고려시대 현종 때 거란 침략군을 구주에서 물리쳐 승리한 싸움이며 1018년 거란의 소배압이 10만 대군으로 침입해 오자 이듬해(1019년) 청천강 유역의 연주·위주에서 강감찬의 공격을 받아 대패하였고 특히 구주에서 기다리고 있던 병마판관 김종현의 공격을 받아 크게 패배하였다. 그 결과 거란은 국왕의 친조와 강동 6주의 반환을 다시는 요구할 수 없게 되었다.

1019년 : 귀주 대첩[龜州大捷]

연상결합하기 ㄱㅊㄱㅈ : 강감찬의 천 (19)가지 재주로 귀주에서 거란을 이겼다.

역사 연대 A.D 기원후(紀元後) 서기(西紀)   해설47~49까지

☞ 낱말공식을 활용하거나 아니면 단어를 직접 만들어 글자의 자음을 이용하여 먼저 나오는 자음 순서를 가지고 숫자로 변환하여 연대와 주요내용을 결합하여 기억한다.

해설 47 1076년(문종 30) 양반전시과로 전면 개정하여 이것을 경정전시과라 하였다. 여기에서 고려 전기의 토지제도는 일단 완성되었다고 볼 수 있으며 이 경정전시과가 개정전시과와 다른 점은 전시의 지급액이 전반적으로 감소된 점과 무관에 대한 대우를 현저하게 개선시켰다. 종전까지 전시가 지급되던 산관의 일부를 대상에서 탈락시킨 점, 종전까지 병설되었던 한외과가 소멸된 점 등이다. 이로써 제도상으로는 일원화가 이루어졌다.

> 1076년 : 전시과 개정

연상결합하기 ㄱㅊㅅㅂ : **천**년 만에 (76)**삽**으로 엄한 전시과를 개정하다.

해설 48 송나라에 다녀온 대각국사 의천의 요청에 따라 1086년(선종 3) 흥왕사에 설치하였다. 교장 간행사업은 의천이 불서수집 여행을 마치고 돌아온 91년부터 시작되어 송·요·일본 등으로부터 구해 온 불서로 교장(敎藏)이라 하는 1,010부, 4,740여 권의 불전을 조판 및 인행하였다. 현존하는 교장도감 간행본으로(대방광불화엄경수 소연의초) 40권 외에 20여 종이 있다.

> 1086년 : 의천, 교정도감을 두고 속장경 조판

연상결합하기 ㄱㅊㅇㅂ : 묘청의 요청에 따라 **천**년의 (86)**업**을 기르기 위하여 교정도감을 설치했다.

해설 49 1097년(숙종 2)에 주전관을 두고 유문전을 주조하여 관리들에게 분사, 시정에 유통을 권장하였다. 고려시대 주전을 맡아보던 관청이며 송나라에 다녀온 의천이 금속화폐의 사용을 강력히 주장하여 주전관을 설치하였다. 1101년 주전도감이 설치되고 실제로 주전을 시작한 것은 1102년 12월이었다.

> 1097년 : 주전관 설치

연상결합하기 ㄱㅊㅈㅅ : 주전관을 설치하고 금속화폐의 **가치**를 **조사**한다.

역사 연대 A.D 기원후(紀元後) 서기(西紀) 해설50

☞ 낱말공식을 활용하거나 아니면 단어를 직접 만들어 글자의 자음을 이용하여 먼저 나오는 자음 순서를 가지고 숫자로 변환하여 연대와 주요내용을 결합하여 기억한다.

해설 50 1102년(숙종 7)에 만든 동전으로, 한국에서 처음 사용한 엽전이며 송나라와 거란이 전폐를 사용한 것을 참고하여 1102년 12월 1만 5000관을 만들어 재상·문무양반·군인에게 나누어 주면서 주화 유통의 시초가 되었다. 유통을 장려하기 위해 개경 좌우에 술집을 두며, 거리에는 점포를 열어 사용하도록 하였다.

1102년 : 해동통보 주조

연상결합하기 ㄱㄱㅊㄴ : 해동통보를 보니 모두가 격찬했다.

핵심 : 내용을 연상하여 역사연대 기억하여 쓰기   문제 41~50

☞ 앞에서 공부한 주요내용을 연상하여 아래 문제에 해당되는 연도를 낱말로 쓰고 나서 다시 숫자로 기록하세요.

	핵심 내용	연도 낱말쓰기	연도 숫자쓰기
문제 41	전시과 실시	[ ]	[년]
문제 42	전국에 12목 설치, 3성 6부를 정함	[ ]	[년]
문제 43	국자감 설치	[ ]	[년]
문제 44	철전(건원중보)의 주조	[ ]	[년]
문제 45	강조의 정변	[ ]	[년]
문제 46	귀주 대첩	[ ]	[년]
문제 47	전시과 개정	[ ]	[년]
문제 48	의천, 교정도감을 두고 속장경 조판	[ ]	[년]
문제 49	주전관 설치	[ ]	[년]
문제 50	해동통보 주조	[ ]	[년]

역사사건의 제목과 연상 결합하여 만들어 놓은 문제 41~50 해답

☞ 앞에서 공부한 역사 사건의 주요 핵심 단어와 숫자의 낱말 결합이 잘 안되면 이미 결합해 놓은 것을 가지고 기억해도 됩니다.

문제 41 전시과 실시
연상결합 해답 : ㅈㅅㅂ : 죄 소비 (저 삽) [976년]

문제 42 전국에 12목 설치, 3성 6부를 정함
연상결합 해답 : ㅈㅇㄷ : 장대 [983년]

문제 43 국자감 설치
연상결합 해답 : ㅈㅈㄴ : 자존심 [992년]

※내용연상결합 41~43 : 죄 소비하여 저 삽을 가지고 장대 높이뛰기에 자존심을 지키다.

문제 44 철전(건원중보)의 주조
연상결합 해답 : ㅈㅈㅂ : 조잡 [996년]

문제 45 강조의 정변
연상결합 해답 : [천 ㅈ] 천 (9)재 [1009년]

문제 46 귀주 대첩
연상결합 해답 : [천ㄱㅈ] 천 (19)가지 (귀주) [1019년]

※내용연상결합 44~46 : 철전을 만든 천재가 귀주대첩에서 승리했다.

문제 47 전시과 개정
연상결합 해답 : [천ㅅㅂ] 천 (76)삽 [1076년]

문제 48 의천, 교정도감을 두고 속장경 조판
연상결합 해답 : [천ㅇㅂ] 천년의 업 [1086년]

문제 49 주전관 설치
연상결합 해답 : ㄱㅊㅈㅅ : 가치를 조사 [1097년]

※내용연상결합 47~49 : 전시과 개정하고 나서 천년의 업 가치를 조사했다.

문제 50 해동통보 주조
연상결합 해답 : ㄱㄱㅊㄴ : 격찬 [1102년]

※내용연상결합 50 : 해동통보를 보니 모두가 격찬했다.

역사 연대 A.D 기원후(紀元後) 서기(西紀) 　해설 51~53까지

☞ 낱말공식을 활용하거나 아니면 단어를 직접 만들어 글자의 자음을 이용하여 먼저 나오는 자음 순서를 가지고 숫자로 변환하여 연대와 주요내용을 결합하여 기억한다.

해설 51　고려시대의 명장 윤관은 별무반을 창설하여 군대를 양성하여 1107년(예종 2) 여진 정벌군의 원수가 되어 부원수 오연총과 17만 대군을 이끌고 동북계에 출진하여 함주·영주·웅주·복주·길주·공험진·숭녕·통태·진양의 9성을 쌓아 침범하는 여진을 평정하고 이듬해 봄에 개선했다. 그 공으로 (추충좌리평융척지진국공신) 문하시중·상서이부판사·군국중지사가 되었다.

　　1107년 : 윤관, 여진 정벌

연상 결합하기　ㄱㄱㅊㅅ : 윤관이 여진의 각 초소에서 물리쳤다.

해설 52　이자겸의 둘째 딸이 예종의 비(妃)가 되고 예종이 죽자 왕위를 탐내던 왕제들을 물리치고 연소한 태자(인종)를 즉위하게 한다. 그 후 인종을 강요하여 셋째와 넷째 딸을 비(妃)로 삼게 하고 권세와 총애를 독차지하여 자기 생일을 인수절이라 하였으며 매관매직과 수뢰로 축재하였으며, 1126년(인종 4)에는 군국지사의 직위를 탐내어 왕의 노여움을 샀다. 이에 상장군 최탁·오탁, 대장군 권수 등이 거사하여 그를 잡으려 하자 그들을 모두 살해하였다. 이듬해 반역을 도모하여 왕비를 시켜 수차 왕을 독살하려 하였으나 왕비의 반대로 실패하였다.

　　1126년 : 이자겸의 난

연상 결합하기　ㄱㄱㄴㅂ : 딸을 왕비로 납입, 국내부에 간섭하다.

해설 53　묘청이 서경에서 일으킨 반란. 인종 때에 이르러 이자겸과 척준경의 난으로 개경의 많은 궁궐이 불타자 묘청을 비롯한 서경세력은 지덕이 쇠한 개경을 버리고 지덕이 왕성한 서경으로 천도하자는 서경천도 운동을 벌이게 되었다. 인종도 서경의 임원역에 대화궁을 창건하는 등 천도의 뜻을 비쳤으나 귀족·관료·유학자 등 개경세력의 완강한 반대에 부딪히자 묘청 등은 그들의 초지를 관철하기 위해 1135년(인종 13) 서경에서 난을 일으켰다. 1년 만에 진압된 묘청의 난은 서경세력의 몰락을 가져왔고, 그 영향은 이듬해 제도상으로 나타나 유수·감군·분사어사 등 중앙에서 파견한 관원 외의 이전 직제는 모두 없애고 문종 때 서경 관하에 두었던 경기 4도를 해체하였다.

　　1135년 : 묘청의 서경 천도 운동

연상 결합하기　ㄱㄱㄷㅁ : 묘청의 서경 천도 계획은 객담으로 끝났다.

역사 연대 A.D 기원후(紀元後) 서기(西紀)

해설 54 ~ 56까지

☞ 낱말공식을 활용하거나 아니면 단어를 직접 만들어 글자의 자음을 이용하여 먼저 나오는 자음 순서를 가지고 숫자로 변환하여 연대와 주요내용을 결합하여 기억한다.

해설 54 고려시대 김부식 등이 기전체로 편찬한 삼국의 역사서이다.
1145년(인종 23) 국왕의 명령을 받은 김부식의 주도 아래 최산보 등 8명의 참고와 김충효 등 2명의 관구가 편찬하였다. 이들은 자료의 수집과 정리에서 함께 작업했지만, (진삼국사기표)와 머리말, 논찬 및 사료의 선택, 인물의 평가 등은 김부식이 직접 했을 것으로 여겨진다.

1145년 : 김부식, 삼국사기 편찬

연상 결합하기 ㄱㄱㅎㅁ : **국기함** 속에 삼국사기 책을 넣어 보관하니 책의 일부가 부식되었다.

해설 55 고려시대 무신이 일으킨 난이다. 고려사회의 문·무반 차별 대우로 인해 1170년 의종 때 일어난 무신정변. 고려의 귀족정치는 숭문천무의 정책에 따라 무를 천하게 여겨 문반과 무반을 차별 대우했으며, 문신들은 무신들을 멸시하고 무시하였다. 군인들은 전투와 노역에 시달릴 뿐만 아니라 봉급도 제대로 받지 못해 생활이 어려워 불만이 많았다. 결국 1170년 의종의 보현원 놀이를 틈타 정중부, 이고, 이의방을 중심으로 한 무신들이 정변을 일으켜 의종을 폐하여 거제도로 귀양을 보내고, 그 아우 명종을 왕으로 세우는 '정중부의 난'이 일어나게 되었다.

1170년 : 무신 정변

연상 결합하기 ㄱㄱㅅㅊ : 정중부, 이의방 무신이 중심이 되어 의종을 폐위하고 명종을 옹립하니 문신들은 **국**가에 **수치**를 느낀다.

해설 56 고려 시대에 집권한 무신 경대승과 최충헌 등이 썼던 사병제의 한 가지며 원래 경대승이 자신의 신변보호를 위하여 설치한 데서 비롯된 것으로, 1179년(명종 9) 9월에 경대승이 1170년 무신의 난을 일으켰던 주모자인 정중부 일당을 제거하고 권력을 장악한 후 정중부의 잔당에 의해 신변의 위협을 느끼자 자기 집에 결사대 수백 명을 모아 긴 목침과 큰 이불로 침식과 행동을 함께 하였는데, 이 사병의 숙소를 도방이라고 불렀다.

1179년 : 경대승, 도방 정치

연상 결합하기 ㄱㄱㅅㅈ : 경대승은 도방에서 **객사 자**가 되었다.

역사 연대 A.D 기원후(紀元後) 서기(西紀) 해설 57~59까지

☞ 낱말공식을 활용하거나 아니면 단어를 직접 만들어 글자의 자음을 이용하여 먼저 나오는 자음 순서를 가지고 숫자로 변환하여 연대와 주요내용을 결합하여 기억한다.

해설 57 최충원은 고려 무신정권기의 집권자이다.
1196년 동생 충수와 함께 권신 이의민을 죽이고 정권을 장악, 폐정의 개혁을 위한(봉사십조)를 왕에게 올렸다. 이어 왕의 측근을 몰아내고 좌승선을 거쳐(어사대지사)가 되었으며, 1197년 (충성좌리공신)에 봉해졌다.

1196년 : 최충헌 집권

 ㄱㄱㅈㅂ : 왕에게 충성하여 공신이 되어 국가의 정치를 집권한다.

해설 58 1198년(고려 신종 1) 만적(오랑캐, 여진족)이 중심이 되어 일으키려다 미수에 그친 노비해방운동이다.
고려 중기에 일어난 무신의 난은 당시의 신분계급에 큰 변동을 일으켜 하극상의 풍조가 유행하였다. 그리하여 중앙과 지방, 상층계급과 하층계급 사이에 충돌이 일어나 결국은 농민과 노예에 의한 반란까지 유발시켰는데, 그 중에서도 가장 대규모적이고 목적이 뚜렷하였던 것이 만적의 난이다. 만적은 당시의 집권자인 최충헌의 사노로서 6명의 노예와 함께 당시의 서울인 개경 뒷산에 가서 나무를 하다가, 공사의 노예들을 모아놓고 난을 일으킬 의논을 하였다. 자기 상전을 죽이고 노예의 문적을 불 질러서 "우리나라로 하여금 노예가 없는 곳으로 만들면 우리도 공경대부 같은 높은 벼슬자리를 차지할 수 있다"는 뜻의 선동연설을 하였다.

1198년 : 만적의 난

 ㄱㄱㅈㅇ : 국장일에 만적이 난을 일으켜 노예를 해방하려 했다.

해설 59 국가 또는 개인 상호 간에 우호적인 관계를 맺음.

1219년 : 몽고와 통교

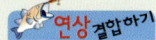 ㄱㄴㄱㅈ : 군 기지에서 몽골과 통교했다.

역사 연대 A.D 기원후(紀元後) 서기(西紀)  해설60

☞ 낱말공식을 활용하거나 아니면 단어를 직접 만들어 글자의 자음을 이용하여 먼저 나오는 자음 순서를 가지고 숫자로 변환하여 연대와 주요내용을 결합하여 기억한다.

해설 60 1231년에 (1차 침입) 살리타가 이끄는 몽골군이 국경을 넘어 침략함. 여러 성을 함락하는 데 실패하자 다른 길로 돌아 3개월 만에 개경까지 왔다. 고려 정부는 몽고와 화의를 하고 몽골군은 철수하였다. 고려는 1232년에 강화로 도읍을 옮기고 몽골에 대항할 준비를 하였다.

1231년 : 몽고의 제1차 침입

연상결합하기 ㄱㄴㄷㄱ : 몽고의 군대가 1차 침입을 했다.

| 핵심 | 내용을 연상하여 역사연대 기억하여 쓰기 | | 문제 51~60 |

☞ 앞에서 공부한 주요내용을 연상하여 아래 문제에 해당되는 연도를 낱말로 쓰고 나서 다시 숫자로 기록하세요.

	핵심 내용	연도 낱말쓰기	연도 숫자쓰기
문제 51	윤관, 여진 정벌	[ ]	[년]
문제 52	이자겸의 난	[ ]	[년]
문제 53	묘청의 서경 천도 운동	[ ]	[년]
문제 54	김부식, 삼국사기 편찬	[ ]	[년]
문제 55	무신 정변	[ ]	[년]
문제 56	경대승, 도방 정치	[ ]	[년]
문제 57	최충헌 집권	[ ]	[년]
문제 58	만적의 난	[ ]	[년]
문제 59	몽고와 통교	[ ]	[년]
문제 60	몽고의 제1차 침입	[ ]	[년]

역사사건의 제목과 연상 결합하여 만들어 놓은 문제 51~60 해답

☞ 앞에서 공부한 역사 사건의 주요 핵심 단어와 숫자의 낱말 결합이 잘 안되면 이미 결합해 놓은 것을 가지고 기억해도 됩니다.

문제 51 윤진, 여진 정벌
  연상결합 해답 : ㄱㄱㅊㅅ : 각 초소 [1107년]

문제 52 이자겸의 난
  연상결합 해답 : ㄱㄱㄴㅂ : 국내부 (나비) [1126년]

문제 53 묘청의 서경 천도 운동
  연상결합 해답 : ㄱㄱㄷㅁ : 객담 [1135년]

  ※내용연상결합 51~53 : 초소의 담을 나비처럼 날아서 서경 천도 운동을 했다.

문제 54 김부식, 삼국사기 편찬
  연상결합 해답 : ㄱㄱㅎㅁ : 국기함 [1145년]

문제 55 무신 정변
  연상결합 해답 : ㄱㄱㅅㅊ : 국가에 수치 [1170년]

문제 56 경대승, 도방 정치
  연상결합 해답 : ㄱㄱㅅㅈ : 객사 자 [1179년]

  ※내용연상결합 54~56 : 국기함이 부식되어 수치스럽고 정대승은 객사 자이다.

문제 57 최충헌 집권
  연상결합 해답 : ㄱㄱㅈㅂ : 국가 집권(고기잡이) [1196년]

문제 58 만적의 난
  연상결합 해답 : ㄱㄱㅈㅇ : 국장 [1198년]

문제 59 몽고와 통교
  연상결합 해답 : ㄱㄴㄱㅈ : 군사 기지 [1219년]

  ※내용연상결합 57~59 : 최충원의 노비가 만적의 난을 일으켜 몽고와 통교했다.

문제 60 몽고의 1차 침입
  연상결합 해답 : ㄱㄴㄷㄱ : 군대가 [1231년]

  ※내용연상결합 60 : 몽고 군 기지에서 군대가 1차 침입했다.

역사 연대 A.D 기원후(紀元後) 서기(西紀)   해설 61~63까지

☞ 낱말공식을 활용하거나 아니면 단어를 직접 만들어 글자의 자음을 이용하여 먼저 나오는 자음 순서를 가지고 숫자로 변환하여 연대와 주요내용을 결합하여 기억한다.

해설 61 1232년(고려 고종 19) 6월 장기항전을 위하여 도읍을 강화도로 옮긴 일. 이후 몽골군은 1258년까지 6차례나 침입하였다. 고려는 최우·최항·최의의 집권기와 뒤 이은 김인준·임연·임유무의 집권기인 70년까지 강화에서 장기항전을 하였다.

> 1232년 : 강화 천도

연상결합하기 ㄱㄴㄷㄴ : 장기 항전을 위해 간단하게 강화도로 옮기자!

해설 62 고려시대에 상정(詳定)(왕조 때, 나라의 어떤 제도나 관아에서 쓰는 물건의 값, 세액, 공물액 등을 심사하고 결정하여 오랫동안 바꾸지 못하게 하던 일) 고금(古今)의 예문(禮文)(예법에 관한 책에 적혀 있는 글)을 모아 편찬한 책.
고려 인종 때 학자로 최윤의가 왕명을 받아 고금의 예문을 모아 편찬하였다. 이 책은 고종 21년(1234) 활자로 찍어 냈다는 기록이 이규보의 동국이상국집에 있어, 세계 최초의 금속 활자본으로 추정된다.

> 1234년 : 금속 활자로 상정고금예문 간행

연상결합하기 ㄱㄴㄷㄹ : 세계최초의 금속 활자본을 건달이 찾아 냈다.

해설 63 불교경전의 총서이며 1236년(고종 23)에 시작하여 1251년(고종 38)에 완성한 팔만대장경이 세계적으로 이름난 고려본 대장경인 데, 장판 8만 1258장 가운데 6,589권이 합천 해인사에 소장되어 있다.

> 1236년 : 고려 대장경 새김(~1251)

연상결합하기 ㄱㄴㄷㅂ : 팔만대장경 판에 긴 답을 새겨 두었다.

역사 연대 A.D 기원후(紀元後) 서기(西紀)   해설 64~66까지

☞ 낱말공식을 활용하거나 아니면 단어를 직접 만들어 글자의 자음을 이용하여 먼저 나오는 자음 순서를 가지고 숫자로 변환하여 연대와 주요내용을 결합하여 기억한다.

해설 64 강화도의 삼별초가 몽골 세력에 반항하여 일으킨 싸움(1270~1273). 삼별초는 고려 시대의 특수 부대이며 1219년(고종 6) 최충헌의 정권을 계승한 최우가 방도 등 치안유지를 위해 설치한 야별초에서 비롯된 것으로, 별초란 '용사들로 조직된 선발군'이라는 뜻이다. 그 뒤 야별초에 소속한 군대가 증가하자 이를 좌별초·우별초로 나누고, 몽골병과 싸우다 포로가 되었다가 탈출한 병사들로 신의군을 조직, 이를 좌·우별초와 합하여 삼별초의 조직을 만들었다. 최씨 일파의 무인정권이 무너지자, 강화도의 고려조정에서는 출륙문제, 즉 개경환도 문제가 제기되었는 데, 원종을 중심한 문신들은 대개 출륙을 찬성하고 삼별초에 속한 무신들은 출륙은 곧 몽골에 대한 굴복이라 하여 완강히 반대하였다. 삼별초는 무신정권의 전위로서 다분히 사병적인 요소도 있었으나, 항몽전에서는 그 선두에서 유격전술로 몽골병을 괴롭혔고, 무신정권이 무너지고 몽골과 강화가 성립되자 반란을 일으켰다.

1270년 : 삼별초의 대몽 항쟁

연상 결합하기 ㄱㄴㅅㅊ : 삼별초가 싸움을 위해 **군수 차**에 탔다.

해설 65 고려 충렬왕 원년(1274)에 있었던 여원 연합군의 제1차 일본 정벌은 태풍으로 실패하였다.

1274년 : 여·원의 제1차 일본 정벌

연상 결합하기 ㄱㄴㅅㄹ : 여·원의 제1차 일본 정벌 때 **건설** 현장 같다.

해설 66 제25대 충렬왕 때 안향이 왕을 따라 연경에 다녀오면서 주자전서를 입수해 온 후 정부에 건의하여 국학을 세우고 대성전을 건립하여 공자를 배척하고 유교를 숭상할 것을 주장하였다.

1304년 : 안향의 주장으로 국학에 대성전 세움

연상 결합하기 ㄱㄷㅊㄹ : 안향이 **구두약 칠**을 하고 대성전을 세웠다.

138

역사 연대 A.D 기원후(紀元後) 서기(西紀)   해설 67~69까지

☞ 낱말공식을 활용하거나 아니면 단어를 직접 만들어 글자의 자음을 이용하여 먼저 나오는 자음 순서를 가지고 숫자로 변환하여 연대와 주요내용을 결합하여 기억한다.

해설 67 고려의 26대 충선왕이 원나라 연경에 세운 독서당이며 충선왕은 학문과 예술을 사랑하는 성품에 따라, 왕위를 아들에게 선양하고, 1314년(고려 27대 충숙왕 1) 만권당을 마련하였다. 그 곳에는 고금의 진서를 많이 수집한 후 중국의 고전 및 당시 북중국에서 유행한 성리학(중국 송대(宋代)에 일어난 유학의 한 계통)도 연구하게 되었다.

1314년 : 만권당 설치

연상결합하기 ㄱㄷㄱㅎ : 만권당에서 책을 구독해, 그러면 책과 친숙해진다.

해설 68 만주로 진출하여 랴오양을 점령하였다가 원나라 군대에게 쫓기게 된 홍건적은 퇴로를 한반도로 잡아 1359년(공민왕 8)에 고려를 침범하였다.
그해 12월 홍건적의 장군 모거경 등은 4만의 무리를 이끌고 결빙된 압록강을 건너 일거에 의주·정주·인주·철주 등을 차례로 함락시키고 이어 서경을 함락시켰다.
그러나 고려군의 맹렬한 반격을 받아 서경을 버리고 퇴각하다가 다시 고려군의 추격을 받고 거의 궤멸하면서 나머지는 압록강을 건너 달아났다.

1359년 : 홍건적의 침입

연상결합하기 ㄱㄷㅁㅈ : 홍건적 침입 시 가담자가 있었는지 모르겠다.

해설 69 1363년(공민왕 12) 문익점이 원나라에 사신으로 갔다가 귀국할 때 목화씨를 붓대 속에 감추고 와서, 장인인 정천익에게 부탁하여 자신의 출생지인 단성 땅에 재배하였는 데 성공하였다.

1363년 : 문익점 원에서 목화씨 가져옴.

연상결합하기 ㄱㄷㅂㄷ : 문익점은 목화씨를 구두 바닥과 붓대에 숨겼다.

139

역사 연대 A.D 기원후(紀元後) 서기(西紀)  해설70

☞ 낱말공식을 활용하거나 아니면 단어를 직접 만들어 글자의 자음을 이용하여 먼저 나오는 자음 순서를 가지고 숫자로 변환하여 연대와 주요내용을 결합하여 기억한다.

해설 70 고려가 요동을 공격하기로 한 것은 명이 무리한 공물을 요구하는 데다 철령 이북 땅을 차지하겠다고 고려를 위협했기 때문이다. 명은 철령 이북 땅이 원의 쌍성총관부와 동녕부에 속해 있으므로 당연히 원을 몰아낸 명의 소유여야 한다고 주장했다. 이는 곧 명나라 역시 원과 마찬가지로 고려를 속국으로 삼겠다는 말이었다. 때문에 고려 정부는 크게 반발하였고, 급기야 최영을 중심으로 명의 전초 기지인 요동을 정벌하자는 주장이 나왔다.

1376년 : 최영, 왜구 정벌

연상결합하기 ㄱㄷㅅㅂ : 최영의 왜구 정벌은 요동과 곧 시비가 벌어졌다.

핵심 내용을 연상하여 역사연대 기억하여 쓰기 문제 61~70

☞ 앞에서 공부한 주요내용을 연상하여 아래 문제에 해당되는 연도를 낱말로 쓰고 나서 다시 숫자로 기록하세요.

	핵심 내용	연도 낱말쓰기	연도 숫자쓰기
문제 61	강화 천도	[ ]	[년]
문제 62	금속 활자로 상정고금예문 간행	[ ]	[년]
문제 63	고려 대장경 새김	[ ]	[년]
문제 64	삼별초의 대몽 항쟁	[ ]	[년]
문제 65	여·원의 제1차 일본 정벌	[ ]	[년]
문제 66	안향의 주장으로 국학에 대성전 세움	[ ]	[년]
문제 67	만권당 설치	[ ]	[년]
문제 68	홍건적의 침입	[ ]	[년]
문제 69	문익점 원에서 목화씨 가져옴	[ ]	[년]
문제 70	최영, 왜구 정벌	[ ]	[년]

역사사건의 제목과 연상 결합하여 만들어 놓은 문제 61~70 해답

☞ 앞에서 공부한 역사 사건의 주요 핵심 단어와 숫자의 낱말 결합이 잘 안되면 이미 결합해 놓은 것을 가지고 기억해도 됩니다.

문제 61 강화 천도
　　　　 연상결합 해답 : ㄱㄴㄷㄴ : 간단　　　　　　　　　　　　　　　　　[1232년]

문제 62 금속 활자로 상정고금예문 간행
　　　　 연상결합 해답 : ㄱㄴㄷㄹ : 건달　　　　　　　　　　　　　　　　　[1234년]

문제 63 고려 대장경 새김
　　　　 연상결합 해답 : ㄱㄴㄷㅂ : 긴 답　　　　　　　　　　　　　　　　[1236년]

　　　　 ※내용연상결합 61~63 : 강화도 건달이 긴 답을 쓴다.

문제 64 삼별초의 대몽항쟁
　　　　 연상결합 해답 : ㄱㄴㅅㅊ : 군수 차　　　　　　　　　　　　　　　[1270년]

문제 65 여·원의 제 1차 일본 침입
　　　　 연상결합 해답 : ㄱㄴㅅㄹ : 건설　　　　　　　　　　　　　　　　　[1274년]

문제 66 안향의 주장으로 국학에 대성전 세움
　　　　 연상결합 해답 : ㄱㄷㅊㄹ : 구두 칠　　　　　　　　　　　　　　　[1304년]

　　　　 ※내용연상결합 64~66 : 삼별초 군이 국학 건설 현장에서 싸움.

문제 67 만권당 설치
　　　　 연상결합 해답 : ㄱㄷㄱㅎ : 구독해　　　　　　　　　　　　　　　[1314년]

문제 68 홍건적의 침입
　　　　 연상결합 해답 : ㄱㄷㅁㅈ : 가담자　　　　　　　　　　　　　　　[1359년]

문제 69 문익점 원에서 목화씨 가져옴
　　　　 연상결합 해답 : ㄱㄷㅂㄷ : 구두 바닥　　　　　　　　　　　　　[1363년]

　　　　 ※내용연상결합 67~69 : 만권당에 홍건적이 침입하여 목화씨를 가져 갔다.

문제 70 최영, 왜구정벌
　　　　 연상결합 해답 : ㄱㄷㅅㅂ : 곧 시비　　　　　　　　　　　　　　　[1376년]

　　　　 ※내용연상결합 70 : 최영이 곧 시비를 가린다.

역사 연대 A.D 기원후(紀元後) 서기(西紀)   해설 71~73까지

☞ 낱말공식을 활용하거나 아니면 단어를 직접 만들어 글자의 자음을 이용하여 먼저 나오는 자음 순서를 가지고 숫자로 변환하여 연대와 주요내용을 결합하여 기억한다.

해설 71
고려시대에 화약 및 화기(火器)의 제조를 맡아보던 임시관청.
우왕 때 최무선의 건의에 따라 설치하여 대장군(大將軍)·이장군(二將軍)·삼장군·육화석포·화포·신포·화통·화전·철령전·피령전·철탄자·천산오룡전·유화주화·촉천화 등의 화기를 제조, 왜구를 격퇴하는 데 사용하였다.

1377년 : 최무선의 건의로 화약 무기 제조(화통도감 설치)

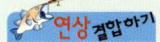 ㄱㄷㅅㅅ : 최무선의 화약폭발이 고도로 솟다

해설 72
평북 의주군 위화면에 딸린 섬으로 압록강이 운반한 토사의 퇴적으로 이루어진 섬이다. 5만의 고려 군사를 이끌고 요동을 향해 출정한 이성계는 압록강의 위화도에서 군사를 돌려 개경을 점령하고 우왕을 폐위하였으며, 요동 정벌을 주도한 최영을 제거한다. 이를 위화도 회군이라고 한다.

1388년 : 위화도 회군

 ㄱㄷㅇㅇ : 이성계가 곧 왕이 되려고 위화도 회군을 결정했다.

해설 73
부산에서 50km 정도, 일본 규슈(九州) 본토와는 132km 떨어져 있는 섬이며 우리나라에서는 대마도라 한다. 1389년(공양왕 1) 2월에 박위가 전함 100척을 이끌고 대마도를 공격하여 왜선 300척을 불사르고 고려의 민간인 포로 남녀 100여 명을 찾아 왔다.

1389년 : 박위, 쓰시마섬(대마도) 토벌

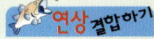 ㄱㄷㅇㅈ : 박위가 대마도 토벌을 위해서 거동 자를 모집한다.

역사 연대 A.D 기원후(紀元後) 서기(西紀)   해설 74~76까지

☞ 낱말공식을 활용하거나 아니면 단어를 직접 만들어 글자의 자음을 이용하여 먼저 나오는 자음 순서를 가지고 숫자로 변환하여 연대와 주요내용을 결합하여 기억한다.

해설 74 조선을 세운 태조는 혁명을 일단 성공시키고 나서 고려의 신하였던 정몽주를 1392년에 살해한 것을 비롯하여 많은 충신·지사들을 사형 또는 유배하고, 6월에는 왕씨 왕족을 제거하기 시작하였다.
이성계는 왕족 후손의 생명의 안전을 약조하고 왕위를 찬탈한 뒤, 고려의 34대 공양왕 삼부자와 함께 원주로 유배하였다가 그 후 유배지를 옮겨서 살해했고 이성계의 약조와는 달리, 고려 왕족은 관동 땅의 삼척 고을에서 그 종말을 맞았다.

　　1392년 : 고려 멸망, 조선의 건국

　ㄱㄷㅈㄴ : 조선의 건국은 온 국민에 기대를 준 일이다.

해설 75 태조 이성계는 1394년 한양으로 천도를 한 후 정궁으로서 세우기 시작하여 그 이듬해인 1395년 조선시대의 궁궐이 세워졌다. 그리하여 정도전으로 하여금 궁 명과 건물 명칭을 짓게 하여 경복궁으로 명명하였다.

　　1394년 : 한양 천도

　ㄱㄷㅈㄹ : 태조 이성계가 한양 천도는 곧잘 하여 경복궁도 세웠다.

해설 76 조선시대 신분증의 하나이며 호패법에 따라 16세 이상의 남자들은 누구나 호패를 차고 다녀야 했다.
당시 신분에 따라 호패의 기재 내용과 재질이 달랐으며 이 중 3품 이하의 관원과 삼의사의 관원으로 잡과에 급제한 사람이 차고 다니던 것을 각패(검은 뿔로 만든 호패)라 하였다.

　　1402년 : 호패법 실시

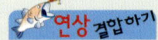　ㄱㄹㅊㄴ : 남자 16세면 호패를 허리에 걸친다.

역사 연대 A.D 기원후(紀元後) 서기(西紀) 해설 77~80까지

☞ 낱말공식을 활용하거나 아니면 단어를 직접 만들어 글자의 자음을 이용하여 먼저 나오는 자음 순서를 가지고 숫자로 변환하여 연대와 주요내용을 결합하여 기억한다.

해설 77 조선시대 활자를 만들던 곳이며 1403년(태종 3) 설치하여 승정원에 소속시키고, 예문관대제학 이직, 총제 민무질, 지신사 박석명, 우대언 이응 등으로 하여금 활자를 만들도록 하였다. 이것이 조선 최초의 금속활자인 계미자(계미년에 만든 조선시대 최초의 구리활자)이다.

1403년 : 주자소 설치

연상결합하기 ㄱㄹㅊㄷ : 활자를 만드는 기술을 주자소 소장이 가르치다.

해설 78 조선(태종 11) 1411년 5부 학당을 송제에 의하여 설치하면서 유교를 장려하였다. 서울을 동·서·중·남·북의 5부로 나누어 여기에 학교를 각각 하나씩 설치하기로 하여 5부 학당[五學]이라고 하였다.

1411년 : 한양에 5부 학당 설치

연상결합하기 ㄱㄹㄱㄱ : 한양에 5부 학당을 결국 세웠다.

해설 79 조선 제1대 왕인 태조의 실록. 재위 6년(1392~1398)간의 역사를 기록한 책으로 1409년(태종 9) 8월, 하륜·유관·정이오·변계량 등에 의하여 편찬이 시작되어 1413년 3월에 완성되었다.

1413년 : 태조실록 편찬

연상결합하기 ㄱㅎㄱㄷ : 태조실록 편찬은 구 학도가 만들었다.

해설 80 1418년에 왕세자에 책봉되어 동년 8월에 22세의 나이로 태종의 양위를 받아 즉위하였다.

1418년 : 세종 즉위

연상결합하기 ㄱㄹㄱㅇ : 세종은 글공부를 많이 하고 즉위하였다.

역사사건의 제목과 연상 결합하여 만들어 놓은 문제 71~80 해답

☞ 앞에서 공부한 역사 사건의 주요 핵심 단어와 숫자의 낱말 결합이 잘 안되면 이미 결합해 놓은 것을 가지고 기억해도 됩니다.

문제 71 최무선의 건의로 화학 무기 제조(화통도감 설치)
 연상결합 해답 : ㄱㄷㅅㅅ : 고도로 솟다 [1377년]

문제 72 위화도 회군
 연상결합 해답 : ㄱㄷㅇㅇ : 곧 왕 즉위 [1388년]

문제 73 박위, 쓰시마섬 토벌
 연상결합 해답 : ㄱㄷㅇㅈ : 거동 자 [1389년]

※내용연상결합 71~73 : 화약으로 무장한 이성계가 위화도 회군 대마도 토벌

문제 74 고려 멸망, 조선의 건국
 연상결합 해답 : ㄱㄷㅈㄴ : 기대를 준 [1392년]

문제 75 한양 천도
 연상결합 해답 : ㄱㄷㅈㄹ : 곧 잘 [1394년]

문제 76 호패법 실시
 연상결합 해답 : ㄱㄹㅊㄴ : 걸친 [1402년]

※내용연상결합 74~76 : 조선을 건국하고 한양 천도하여 호패법 실시하다.

문제 77 주자소 설치
 연상결합 해답 : ㄱㄹㅊㄷ : 가르치다 [1403년]

문제 78 한양에 5부 학당 설치
 연상결합 해답 : ㄱㄹㄱㄱ : 결국 [1411년]

문제 79 태조실록 편찬
 연상결합 해답 : ㄱㅎㄱㅈ : 구 학도 [1413년]

※내용연상결합 77~79 : 가르치다 결국 5부 학당에 모인 구 학도

문제 80 세종 즉위
 연상결합 해답 : ㄱㄹㄱㅇ : 글공부 [1418년]

※내용연상결합 80 : 글공부 많이 한 세종대왕

핵심 내용을 연상하여 역사연대 기억하여 쓰기 문제 71~80

☞ 앞에서 공부한 주요내용을 연상하여 아래 문제에 해당되는 연도를 낱말로 쓰고 나서 다시 숫자로 기록하세요.

	핵심 내용	연도 낱말쓰기	연도 숫자쓰기
문제 71	최무선의 건의로 화약 무기 제조 (화통도감 설치)	[　　　]	[　　　년]
문제 72	위화도 회군	[　　　]	[　　　년]
문제 73	박위, 쓰시마섬 토벌	[　　　]	[　　　년]
문제 74	고려 멸망, 조선의 건국	[　　　]	[　　　년]
문제 75	한양 천도	[　　　]	[　　　년]
문제 76	호패법 실시	[　　　]	[　　　년]
문제 77	주자소 설치	[　　　]	[　　　년]
문제 78	한양에 5부 학당 설치	[　　　]	[　　　년]
문제 79	태조실록 편찬	[　　　]	[　　　년]
문제 80	세종 즉위	[　　　]	[　　　년]

역사 연대 A.D 기원후(紀元後) 서기(西紀)

해설 81 ~ 84까지

☞ 낱말공식을 활용하거나 아니면 단어를 직접 만들어 글자의 자음을 이용하여 먼저 나오는 자음 순서를 가지고 숫자로 변환하여 연대와 주요내용을 결합하여 기억한다.

해설 81 조선 전기에 궁중에 두었던 학문 연구 기관이다. 세종(1420)이 즉위하자 집현전을 확대하여 실제의 연구 기관으로 개편하였다. 젊고 재주 있는 학자들로 하여금 고금의 문물제도를 연구하게 하여 정책의 방향을 제시하게 하였으며, 한글을 창제하여 민족문화 발전에 크게 이바지하였다.

1420년 : 집현전 확장

연상결합하기 ㄱㄹㄴㅊ : 집현전 앞에 세종이 내린 그 란(蘭)초(난초)를 널리 심었다.

해설 82 강우량을 측정하기 위하여 쓰인 기구이며 우리나라에서 발명한 세계 최초로 개발된 관측기구이다. 1441년(세종 23) 8월에 예조가 측우기를 설치할 것을 건의하여, 다음해 5월에는 측우에 관한 제도를 새로 제정하고 측우기를 만들어 서울과 각 도의 군현에 설치하였다.

1441년 : 측우기 제작

연상결합하기 ㄱㄹㅎㄱ : 글 학문 연구로 측우기를 제작하였다.

해설 83 세종 25(1443)년에 세종 대왕이 집현전 학자들의 도움을 얻어 처음 만든 우리나라 글자이다.(모음11자 자음17자로 되어 있음)

1443년 : 훈민정음 창제

연상결합하기 ㄱㄹㄹㄷ : 전 세계의 글 중에 아무리 골라도 우리가 창제한 훈민정음만큼 좋은 글은 없다.

해설 84 1446년(세종 28) 음력 9월 훈민정음이 반포되었고 당시 음력 9월의 마지막 날인 29일을 한글이 반포된 날로 추정하여 '가갸날'로 정하고 기념하였다.

1446년 : 훈민정음 반포

연상결합하기 ㄱㄹㅎㅂ : 백성 모두가 알도록 글 합쳐서 훈민정음을 반포했다.

역사 연대 A.D 기원후(紀元後) 서기(西紀)   해설 85 ~ 88까지

☞ 낱말공식을 활용하거나 아니면 단어를 직접 만들어 글자의 자음을 이용하여 먼저 나오는 자음 순서를 가지고 숫자로 변환하여 연대와 주요내용을 결합하여 기억한다.

해설 85 조선 전기 현직 관리에게만 수조지(공전(公田) 국유의 논밭)를 분급한 토지제도 1466년(세조 12) 현직·전직 관료를 막론하고 지급하던 사전(개인 소유의 논밭)을 폐지하고 직전(벼슬아치에게 벼슬하는 동안 나누어 주던 땅)이라는 명목으로 현직에 있는 관리에게만 수조지를 분급하였다.

1466년 : 직전법 실시

연상결합하기 ㄱㄹㅂㅂ : 글 바보가 죽기 직전에 실시 현직 관리인에게 토지를 나누어 주었다.

해설 86 조선시대 법치의 기본이 된 법전을 말하며, 경국대전은 세조 3년에 편찬을 시작하여 성종 6년까지 30여 년에 걸쳐 완성된 조종의 성헌으로서 조선시대 정치운용의 기틀이 된 법전이다.

1469년 : 경국대전 완성

연상결합하기 ㄱㄹㅂㅈ : 경국대전 글공부로 글 부자가 되었다.

해설 87 국가재정을 고려하고 대외정책의 운용면의 시정을 위해 단행했다. 내이포, 부산포, 염포의 3포에 거주하던 왜인들이 진장과의 충돌로 난을 일으키자 조정에서 3포를 폐쇄하고 왜인과의 교역을 끊었다.

1510년 : 3포 왜란

연상결합하기 ㄱㅁㄱㅊ : 3포에서 왜란 때 왜구를 고목 쳐서 막았다.

해설 88 1512년(중종 7) 조선과 쓰시마도주가 맺은 조약이며, 쓰시마도주는 조선과의 통교 재개를 위해 왜란의 주모자 사죄 등 조선측의 요구 조건을 이행하게 되었다. 한편 조선 정부에서는 왜와의 지리적 인접관계, 왜란 전까지의 일본관계, 교린정책이란 대의명분과 북서변 야인들의 소요 등을 감안, 9개 항목으로 된 임신조약을 체결함으로써 국교가 재개되었다.

1512년 : 임신약조

연상결합하기 ㄱㅁㄱㄴ : 임신년에 쓰시마도주와 조선의 조약은 감군하기로 하였다.

역사 연대 A.D 기원후(紀元後) 서기(西紀)

해설 89~90까지

☞ 낱말공식을 활용하거나 아니면 단어를 직접 만들어 글자의 자음을 이용하여 먼저 나오는 자음 순서를 가지고 숫자로 변환하여 연대와 주요내용을 결합하여 기억한다.

해설 89 조선시대 왕으로부터 편액·서적·토지·노비 등을 하사받아 그 권위를 인정받은 최초의 사액서원은 '소수서원'으로 사액(임금이 사당이나 서원 등에 이름을 지어 그것을 새긴 편액을 내리던 일) 받은 '백운동 서원'이다. 그 중 백운동 서원은 조선 중종 38년 1543 풍기군수 주세붕이 국내 주자학의 효시인 고려시대 학자 안향을 배향하고 유생들을 가르치기 위하여 설립했다

1543년 : 백운동 서원 세움

연상 결합하기 ㄱㅁㅎㄷ : 백운동 서원은 주세붕이 창립 일반인의 출입을 금하다.

해설 90 조선 명종 때 왜구가 전라남도 영암·강진·진도 일대에 침입한 사건이며 조선으로부터 물자의 보급을 받아야 하였던 왜인들은 이의 완화조치를 요구하여 왔으나 조선정부는 이에 응하지 않았다. 이와 같은 조선정부의 통제에 대해 불만을 품은 왜구는 1555년(명종 10) 전라남도 연안지방을 습격, 먼저 영암의 달량성·어란포, 진도의 금갑·남도 등의 보루를 불태우고 만행을 자행하였고 장흥·강진에도 침입하였다. 이에 조선정부는 호조판서 이준경을 도순찰사, 김경석. 남치훈 등이 왜구를 토벌 영암에서 왜구를 크게 무찔렀다.

1555년 : 을묘왜변

연상 결합하기 ㄱㅁㅁㅁ : 을미왜변 때 곰의 몸을 불태운 왜구를 무찌르다.

| 핵심 | 내용을 연상하여 역사연대 기억하여 쓰기 | 문제 81~90 |

☞ 앞에서 공부한 주요내용을 연상하여 아래 문제에 해당되는 연도를 낱말로 쓰고 나서 다시 숫자로 기록하세요.

	핵심 내용	연도 낱말쓰기	연도 숫자쓰기
문제 81	집현전 확장	[ ]	[년]
문제 82	측우기 제작	[ ]	[년]
문제 83	훈민정음 창제	[ ]	[년]
문제 84	훈민정음 반포	[ ]	[년]
문제 85	직전법 실시	[ ]	[년]
문제 86	경국대전 완성	[ ]	[년]
문제 87	3포 왜란	[ ]	[년]
문제 88	임신약조	[ ]	[년]
문제 89	백운동 서원 세움	[ ]	[년]
문제 90	을묘왜변	[ ]	[년]

역사사건의 제목과 연상 결합하여 만들어 놓은 문제 81~90 해답

☞ 앞에서 공부한 역사 사건의 주요 핵심 단어와 숫자의 낱말 결합이 잘 안되면 이미 결합해 놓은 것을 가지고 기억해도 됩니다.

문제 81 집현전 확장
　　　　　연상결합 해답 : ㄱㄹㄴㅊ : 그 란(蘭)초　　　　　　　　　　　　　[1420년]

문제 82 측우기 제작
　　　　　연상결합 해답 : ㄱㄹㅎㄱ : 글 학문　　　　　　　　　　　　　　[1441년]

문제 83 훈민정음 창제
　　　　　연상결합 해답 : ㄱㄹㄹㄷ : 골라도　　　　　　　　　　　　　　[1443년]

　　　　　※내용연상결합 81~83 : 집현전에서 학문 연구하여 한글을 창제했다.

문제 84 훈민정음 반포
　　　　　연상결합 해답 : ㄱㄹㅎㅂ : 글 합쳐　　　　　　　　　　　　　　[1446년]

문제 85 직전법 실시
　　　　　연상결합 해답 : ㄱㄹㅂㅂ : 글 바보　　　　　　　　　　　　　　[1466년]

문제 86 경국대전 완성
　　　　　연상결합 해답 : ㄱㄹㅂㅈ : 글 부자　　　　　　　　　　　　　　[1469년]

　　　　　※내용연상결합 84~86 : 글 합쳐서 반포 직전에 글 부자 되다.

문제 87 3포 왜란
　　　　　연상결합 해답 : ㄱㅁㄱㅊ : 고목 쳐서　　　　　　　　　　　　　[1510년]

문제 88 임신조약
　　　　　연상결합 해답 : ㄱㅁㄱㄴ : 감군(군인을 줄임)　　　　　　　　　[1512년]

문제 89 백운동 서원 세움
　　　　　연상결합 해답 : ㄱㅁㅎㄷ : 금하다　　　　　　　　　　　　　　[1543년]

　　　　　※내용연상결합 87~89 : 3포에서 고목 쳐서 감군된 자는 서원 출입을 금하다.

문제 90 을묘왜변
　　　　　연상결합 해답 : ㄱㅁㅁㅁ : 곰의 몸　　　　　　　　　　　　　　[1555년]

　　　　　※내용연상결합 90 : 을묘왜란 때 곰의 몸이 불탔다.

역사 연대 A.D 기원후(紀元後) 서기(西紀)

해설 91~93까지

☞ 낱말공식을 활용하거나 아니면 단어를 직접 만들어 글자의 자음을 이용하여 먼저 나오는 자음 순서를 가지고 숫자로 변환하여 연대와 주요내용을 결합하여 기억한다.

해설 91 1592년(선조 25)부터 1598년까지 2차에 걸친 왜군의 침략으로 일어난 전쟁이며 부산으로 침입한 왜선단에 경상좌수영과 우수영은 해상에서 제대로 싸움조차 하지 못한 채 패하였다.

1592년 : 임진왜란

연상결합하기 ㄱㅁㅈㄴ : 부산으로 침입한 왜군이 금잔디를 불사르다.

해설 92 1592년 7월 8일(선조 25) 임진왜란 때 이순신 장군이 한산도 앞바다에서 왜군을 크게 무찔러 이긴 전투이다. 임진왜란 3대첩 중의 하나, 당시 전라 좌수사 이순신 장군은, 좁은 견내량(통영 수도)에 정박중인 왜군의 함대를 유도 작전에 의해 바다(외해)로 끌어내었고 이것은 견내량이 좁아서 큰 싸움을 하기에 적당하지 않았기 때문입니다. 왜군이 모두 외해로 나왔을 때 이순신은 공격 명령을 내려 적을 포위하는 한편, 거북선을 앞세우고 각종 포를 발사하여 적선을 격파하여 이 싸움에서 크게 승리하였다.

1592년 : 한산도 대첩

연상결합하기 ㄱㅁㅈㄴ : 이순신 장군이 한산도 대첩 때 육지군은 기마전을 하다.

해설 93 1593년 임진왜란 때 권율 장군이 행주산성에서 왜군을 대파한 싸움이며 한강을 건너 행주산성에 진을 치고 있다가 왜군과 맞서 싸워 크게 승리를 거두었다. (임진왜란 3대첩 중 하나) 이 때 부녀자들이 긴 치마를 잘라 짧게 만들어 입고 돌을 날라서 석전으로 적에게 큰 피해를 입혔는 데, 여기에서 '행주치마' 라는 명칭이 생겼다는 이야기가 있듯이 당시 행주산성의 싸움은 치열하였다. 마침내 일본군은 크게 피해를 입었다.

1593년 : 행주 대첩

연상결합하기 ㄱㅁㅈㄷ : 부녀자들이 행주치마에 감자도 싸서 허기를 채웠다.

역사 연대 A.D 기원후(紀元後) 서기(西紀) 해설94~96까지

☞ 낱말공식을 활용하거나 아니면 단어를 직접 만들어 글자의 자음을 이용하여 먼저 나오는 자음 순서를 가지고 숫자로 변환하여 연대와 주요내용을 결합하여 기억한다.

해설 94 공물제도는 각 지방의 특산물을 바치게 하였는데, 부담이 불공평하고 수송과 저장에 불편이 많았다. 조선시대 선조 이후 공물(특산물)을 쌀로 통일하여 바치게 한 납세제도이다. 임진왜란과 병자호란으로 전국의 토지가 황폐해지고 국가수입이 감소되자 1608년(선조 41) 영의정 이원익과 한백겸의 건의에 따라 방납의 폐단이 가장 심한 경기도부터 실시되었다. 경기도에서는 세율을 봄, 가을 2기로 나누어 토지 1결(結)에 8말씩, 도합 16말을 징수하였다.

1608년 : 경기도에 대동법 실시

연상결합하기 ㄱㅂㅊㅇ : 경기도에서 공물은 곱창인데 대등하게 쌀로 받쳤다.

해설 95 1609년(광해군 1) 일본과 맺은 전문 13조의 송사조약이며 임진왜란 이후 단절되었던 국교의 재개를 위해 일본은 끈기있게 통교 요청을 해 왔고, 이에 대해 우리 조정에서는 찬·반 양론이 대두되었으나 일본 측이 통교 재개를 위해 적극적인 태도로 나오자 우리 측은 국서 요구문제, 범능적 범죄인의 압송문제, 피로인의 송환문제 등 대일 강화조약의 성립조건을 제시했는 데, 일본이 이를 이행했으므로 조약을 위한 안이 논의되었다.

1609년 : 일본과 기유약조 체결

연상결합하기 ㄱㅂㅊㅈ : 통상외교의 급한 처지에 빠진 일본이 우리의 의사에 기운 약조다.

해설 96 동의보감은 허준이 저술한 의서이며 자신의 일생 사업으로 추진할 것을 결심하고 집념으로 저술에 임하였다.
그 결과 14년 후인 1610년(광해군 2) 8월 6일 마침내 25권이라는 방대한 동의보감이란 의서가 완성되었다. 이 책은 내과에 관계되는 내경편 4권, 외과에 관한 외형편 4권, 유행성병·급성병·부인과·소아과 등을 합한 잡병편 11권, 약제학·약물학에 관한 탕액편 3권, 침구편 1권, 목차편 2권, 계 25권으로 되어 있다.

1610년 : 동의보감 완성

연상결합하기 ㄱㅂㄱㅊ : 동의보감은 허준에게 가보로 가치가 있다.

역사 연대 A.D 기원후(紀元後) 서기(西紀)

해설 97 ~ 99까지

☞ 낱말공식을 활용하거나 아니면 단어를 직접 만들어 글자의 자음을 이용하여 먼저 나오는 자음 순서를 가지고 숫자로 변환하여 연대와 주요내용을 결합하여 기억한다.

해설 97 1623년(인조 1) 서인 일파가 광해군 및 대북파를 몰아내고 능양군 인조을 왕으로 옹립한 사건이며 인조 반정(反正)은 광해군 15(1623)년에 광해군의 실정(失政)이 계속되어 기강이 문란해지자 김유·이서·이귀·이괄 등의 서인이, 집권 세력인 대북파와 광해군을 몰아내고 능양군, 곧 인조를 즉위시키는 일 모든 계획을 추진하였다

1623년 : 인조 반정

연상결합하기 ㄱㅂㄴㄷ : 인조 반정은 반대해도 겁나다.

해설 98 1624년(인조 2) 평안병사 이괄이 인조 반정의 논공행상에 불만을 품고 일으킨 반란. 이괄은 인조 반정에 공이 많았는 데도 논공행상에는 반정계획에 늦게 참가하였다 하여 2등 공신이 되었으며 한성부윤에 임명되었다. 그러던 중 이괄을 도원수 장만 휘하의 부원수 겸 평안병사로 좌천시켜 평안도 영변에 머무르게 하였다. 이에 그의 불만은 더욱 커져 반란을 꾀하게 되었다. 이괄은 군사 1만여 명과 항왜병 100여 명으로 먼저 개천을 점령하고 평양으로 진격하였다.

1624년 : 이괄의 난

연상결합하기 ㄱㅂㄴㄹ : 이괄은 2등 공신으로 부원수 평안병사로 좌천되어 불만이 커지만 그는 부하가 있어 겁날 것이 없다.

해설 99 1627년(인조 5) 만주에 본거를 둔 후금의 침입으로 일어난 조선과 후금 사이의 싸움이며 1616년 만주에서 건국한 후금은 광해군의 뒤를 이은 인조가 '향명배금' 정책을 표방하고, 랴오둥을 수복하려는 모문룡 휘하의 명나라 군대를 평북 철산의 가도에 주류시켜 이를 은연히 원조하므로, 명나라를 치기 위해 중국 본토로 진입하려던 후금은 배후를 위협하는 조선을 정복하여 후환을 없앨 필요가 있었다. 심한 물자부족에 허덕여 이를 조선과의 통교로써 타개해야 할 처지에 있었고, 반란을 일으켰다가 후금으로 달아난 이괄의 잔당들이 광해군은 부당하게 폐위되었다고 호소하여 조선의 군세가 약하니 속히 조선을 칠 것을 종용하여 후금과 태종은 더욱 결전의 뜻을 굳히게 되었다.

1627년 : 정묘호란

연상결합하기 ㄱㅂㄴㅅ : 정묘호란 후금이 조선과 명이 겁나서 일으킨 호란이다.

역사 연대 A.D 기원후(紀元後) 서기(西紀)

☞ 낱말공식을 활용하거나 아니면 단어를 직접 만들어 글자의 자음을 이용하여 먼저 나오는 자음 순서를 가지고 숫자로 변환하여 연대와 주요내용을 결합하여 기억한다.

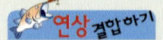 조선시대에 한국에 최초로 귀화한 서양인.
네덜란드 선원이었던 벨테브레는1628년 일본으로 가던 도중 폭풍우를 만나 제주도 해안에 상륙하여 물을 구하러 나섰다가 관헌에게 붙잡혀 한양으로 압송되었다. 박연은 군사를 훈련하는 관청인 훈련도감에서 대포 만드는 기술을 전수했고, 병자호란 때는 직접 전투에 나서기도 했다. 그는 왕실의 배려로 조선여인과 결혼해 1남1녀를 두었고, 박연 이라는 이름으로 이 땅에 살면서 생을 마쳤다.

1628년 : 벨테브레, 제주도 표착

연상결합하기   ㄱㅂㄴㅇ : 네덜란드 선원 벨테브레는 폭우를 만나 제주도에 표착하니 몹시 겁나오!

156

핵심 내용을 연상하여 역사연대 기억하여 쓰기   문제 91~100

앞에서 공부한 주요내용을 연상하여 아래 문제에 해당되는 연도를 낱말로 쓰고 나서 다시 숫자로 기록하세요.

문제	핵심 내용	연도 낱말쓰기	연도 숫자쓰기
문제 91	임진왜란	[ ]	[년]
문제 92	한산도 대첩	[ ]	[년]
문제 93	행주 대첩	[ ]	[년]
문제 94	경기도에 대동법 실시	[ ]	[년]
문제 95	일본과 기유약조 체결	[ ]	[년]
문제 96	동의보감 완성	[ ]	[년]
문제 97	인조 반정	[ ]	[년]
문제 98	이괄의 난	[ ]	[년]
문제 99	정묘호란	[ ]	[년]
문제 100	벨테브레 제주도 표착	[ ]	[년]

역사사건의 제목과 연상 결합하여 만들어 놓은 문제 91~100 해답

☞ 앞에서 공부한 역사 사건의 주요 핵심 단어와 숫자의 낱말 결합이 잘 안되면 이미 결합해 놓은 것을 가지고 기억해도 됩니다.

문제 91 임진왜란
연상결합 해답 : ㄱㅁㅈㄴ : 금잔디 [1592년]

문제 92 한산도 대첩
연상결합 해답 : ㄱㅁㅈㄴ : 기마전 [1592년]

문제 93 행주 대첩
연상결합 해답 : ㄱㅁㅈㄷ : 감자도 [1593년]

※내용연상결합 91~93 : 임진왜란 시 한산도 행주대첩.

문제 94 경기도에 대동법 실시
연상결합 해답 : ㄱㅂㅊㅇ : 곱창 [1608년]

문제 95 일본과 기유약조 체결
연상결합 해답 : ㄱㅂㅊㅈ : 급한 처지 [1609년]

문제 96 동의보감 완성
연상결합 해답 : ㄱㅂㄱㅊ : 가보로 가치 [1610년]

※내용연상결합 94~96 : 대동법 실시 후 쌀이 모자라 급한 처지에 놓인 허준

문제 97 인조반정
연상결합 해답 : ㄱㅂㄴㄷ : 겁나다 [1623년]

문제 98 이괄의 란
연상결합 해답 : ㄱㅂㄴㄹ : 겁날 것 [1624년]

문제 99 정묘호란
연상결합 해답 : ㄱㅂㄴㅅ : 겁나서 [1627년]

※내용연상결합 97~99 : 인조 반정 공신에 불만을 품은 이괄이 정묘호란에 기회를 타다.

문제 100 벨테브레 제주도 표착
연상결합 해답 : ㄱㅂㄴㅇ : 겁나오! [1628년]

※내용연상결합 100 : 제주에서 폭풍우를 만나니 매우 겁나오!

역사 연대 A.D 기원후(紀元後) 서기(西紀)   해설101~103까지

☞ 낱말공식을 활용하거나 아니면 단어를 직접 만들어 글자의 자음을 이용하여 먼저 나오는 자음 순서를 가지고 숫자로 변환하여 연대와 주요내용을 결합하여 기억한다.

해설 101 조선 중기의 문신이며 1630년 진주사로 명나라에 갔다가 이듬해 1631년 귀국할 때 홍이포·천리경·자명종 등 서양의 기계와 천문서 직방외기 서양국풍속기 천문도 홍이포제본 등의 서적을 가져왔다.

1631년 : 정두원이 명해서 천리경, 자명종, 화포 등 수입

연상결합하기 ㄱㅂㄷㄱ : 정두원이 명나라에서 천리경, 자명종, 화포 등 수입한 서적을 과부댁에게 숨기다.

해설 102 1636년(인조 14) 청나라의 제2차 침구(침노하여 노략질함)로 일어난 조선과 청나라의 싸움이다.
후금의 태종은 황제를 칭하고 국호를 청(淸)이라고 고쳤으며, 조선이 강경한 자세를 보이자 왕자·대신·척화론자(화의를 배척하는 자)를 인질로 보내 사죄하지 않으면 공격하겠다고 위협하였다. 그러나 조선은 주화론자(화의를 주장하는 자)보다는 척화론자가 강하여 청나라의 요구를 계속 묵살하였다. 조선의 도전적 태도에 분개한 청나라 태종은, 청·몽골·한인으로 편성한 대군을 스스로 거느리고 수도 선양을 떠나 압록강으로 건너 쳐들어 왔다. 호인(만주사람)들로 말미암아 일어난 병란.

1636년 : 병자호란

연상결합하기 ㄱㅂㄷㅂ : 조선의 강한 급 답에 청나라 태종이 도보로 침입했다.

해설 103 1645년 2월18일 8년여 동안 청나라에 볼모로 잡혀 있던 소현 세자가 과학서적, 천주교 서적, 천주상 등 서양 문물을 가지고 돌아 왔다. 소현 세자는 서양 문물을 받아들여 나라를 개혁해야 한다고 주장하였지만 인조는 서양 사람을 싫어했다.

1645년 : 소현 세자가 청해서 과학서적, 천주교서적, 서양서적을 수입

연상결합하기 ㄱㅂㅎㅁ : 소현 세자의 서양문물 도입을 인조는 거부함.

역사 연대 A.D 기원후(紀元後) 서기(西紀) 해설104~106까지

☞ 낱말공식을 활용하거나 아니면 단어를 직접 만들어 글자의 자음을 이용하여 먼저 나오는 자음 순서를 가지고 숫자로 변환하여 연대와 주요내용을 결합하여 기억한다.

해설 104 1651년 네덜란드 동인도회사 소속 선박의 포수(砲手)로서, 1653년(효종 4) 상선 스페르웨르로 타이완을 거쳐 일본 나가사키로 가는 도중 하멜은 일행 36명과 함께 제주도에 표착하였다. 하멜표류기는 조선에 억류되어 있는 14년간의 생활을 묘사하여 우리나라의 지리·풍속·정치·군사·교육·교역 등을 유럽에 소개한 최초의 문헌이다.

1653년 : 하멜, 제주도 표착

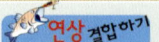 ㄱㅂㅁㄷ : 제주도에 표착한 하멜과 36명을 급히 모두 서울로 압송했다.

해설 105 조선 후기에 청나라의 요청으로 2회에 걸쳐 조선군이 러시아(나선)군을 정벌한 일이며 1658년(효종 9) 3월에 청나라는 재차 구원병을 요청해 병마우후 신류가 선발된 정예군 200여 명을 인솔하였다. 조선군은 청군과 합세하여 같은 해 6월 10일 헤이룽강에 진주하여 격전을 벌인 끝에 적선을 불태우고 적군을 사살하였다.

1658년 : 제2차 나선 정벌

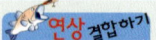 ㄱㅂㅁㅇ : 제2차 나선 정벌 때 과부가 멍하니 서 있다.

해설 106 호서지방(충청남도와 충청북도)에서 실시한 대동법이 좋은 결과를 거두자 대동법 시행을 만인에게 알렸다. 대동법은 각 지방의 특산물 곡물로 받쳤던 폐단을 없애고 공평하게 미곡으로 환산하여 받치는 세금이다. 이렇게 하여 불공평이 없어지고 민가에서는 상거래까지 원활하게 되었다.

1659년 : 호서 지방에 대동법 실시

ㄱㅂㅁㅈ : 호서 지방으로 봄맞이 가는 데 쌀이 급히 모자란다.

역사 연대 A.D 기원후(紀元後) 서기(西紀) 해설 107~109까지

☞ 낱말공식을 활용하거나 아니면 단어를 직접 만들어 글자의 자음을 이용하여 먼저 나오는 자음 순서를 가지고 숫자로 변환하여 연대와 주요내용을 결합하여 기억한다.

해설 107
조선시대의 수리행정을 담당한 관청이며 전국 수리시설 · 제방의 수리와 조사 등을 관장한 곳으로, 조선 초에 설치하여, 임진왜란을 겪으면서 폐지되었다가 1662년(현종 3)에 다시 두었다.

1662년 : 제언사 설치

연상결합하기 ㄱㅂㅂㄴ : 급변하는 기후에 수리 시설을 제안한다.

해설 108
조선시대 화폐이며 1633년(인조 11) 김신국, 김육 등의 건의에 따라 상평청을 설치하고 주조하여 유통을 시도했는 데 결과가 나빠 유통을 중지하였다. 그 후 1678년(숙종 4) 정월에 다시 여의정 허적, 좌의정 권대운의 주장에 따라 상평통보를 다시 주조하여 서울과 서북 일대에 유통하게 하였다. 그 뒤 점차 전국적으로 확대 유통하게 되었는 데, 조선 말기에 현대식 화폐가 나올 때까지 통용되었다.

1678년 : 상평통보 주조

연상결합하기 ㄱㅂㅅㅇ : 상평통보의 가치가 급상하다.

해설 109
대동법은 1608년 경기도에서 처음 실시되었다가 점차적으로 확대되어 1708년에는 평안도와 함경도를 제외한 전국에서 시행되었다. 대동법의 실시는 조세의 금납화(세금이나 소작료 따위를 돈으로 냄)를 촉진하여 조세징수체계가 합리화되고 상품화폐경제의 확대 발전을 가져왔다. 대동법 실시에 따라 관청의 수요물품을 조달하는 공인이 등장하였다. 이들은 대동미를 받아 관청의 수요물품을 독점으로 조달하였는 데 점차 독점적 도매상인인 도고로 성장하여 상업자본으로 발전해 나갔다. 공인의 등장으로 상품유통이 활발해 지고 화폐경제가 발달하면서 상업자본가가 등장하고 이들의 주문에 따라 수공업 생산이 활기를 띠게 되었다.

1708년 : 전국적으로 대동법 실시

연상결합하기 ㄱㅅㅊㅇ : 전국적으로 대동법 실시하니 가수 창하는 소리가 전국에 메아리친다.

161

역사 연대 A.D 기원후(紀元後) 서기(西紀)  해설110

☞ 낱말공식을 활용하거나 아니면 단어를 직접 만들어 글자의 자음을 이용하여 먼저 나오는 자음 순서를 가지고 숫자로 변환하여 연대와 주요내용을 결합하여 기억한다.

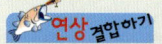 110 1712년(숙종 38) 조선과 청나라 국경을 정하기 위해 백두산에 세운 경계비이며, 정계비라고도 한다. 백두산이 청조 발상의 영산이라 하여 그 귀속을 주장하던 청은, 1712년 오라총관 목극등을 보내어 국경문제를 해결하자는 연락을 해왔다. 조선에서는 참판 권상유를 접반사(사신이 유숙하는 곳에 임시로 파견되어 사신을 맞아 접대하던 관원)로 보내었으나, 청의 사절이 함경도로 입국함에 따라 다시 참판 박권을 접반사로 출영하게 하였다. 이 때 조선측의 접반사는 산정에 오르지도 못하고 목극등 자신이 조선측의 접반사 군관 이의복, 감사군관 조태상, 통관, 이응헌 등만을 거느리고 산정에 올라가 거의 일방적으로 정계비를 세웠다.

1712년 : 백두산 정계비 건립

연상결합하기 ㄱㅅㄱㄴ : 백두산 정계비를 세우고 갓끈으로 묶다.

핵심 내용을 연상하여 역사연대 기억하여 쓰기   문제 101~110

☞ 앞에서 공부한 주요내용을 연상하여 아래 문제에 해당되는 연도를 낱말로 쓰고 나서 다시 숫자로 기록하세요.

	핵심 내용	연도 낱말쓰기	연도 숫자쓰기
문제 101	정두원이 명해서 천리경, 자명종 화포 등 수입	[ ]	[년]
문제 102	병자호란	[ ]	[년]
문제 103	소현 세자가 청해서 과학 서적, 천주교 서적, 서양 서적을 수입	[ ]	[년]
문제 104	하멜, 제주도 표착	[ ]	[년]
문제 105	제2차 나선 정벌	[ ]	[년]
문제 106	호서 지방에 대동법 실시	[ ]	[년]
문제 107	제언사 설치	[ ]	[년]
문제 108	상평통보 주조	[ ]	[년]
문제 109	전국적으로 대동법 실시	[ ]	[년]
문제 110	백두산 정계비 건립	[ ]	[년]

역사사건의 제목과 연상 결합하여 만들어 놓은 문제 101~110 해답

☞ 앞에서 공부한 역사 사건의 주요 핵심 단어와 숫자의 낱말 결합이 잘 안되면 이미 결합해 놓은 것을 가지고 기억해도 됩니다.

문제 101 정두원이 명에서 천리경, 자명종, 화포 등 서적 수입
연상결합 해답 : ㄱㅂㄷㄱ : 과부댁 [1631년]

문제 102 병자호란
연상결합 해답 : ㄱㅂㄷㅂ : 급 답 [1636년]

문제 103 소현 세자가 청에서 과학 서적, 천주교 서적, 서양 서적을 수입
연상결합 해답 : ㄱㅂㅎㅁ : 거부함 [1645년]

※ 내용연상결합 101~103 : 과부댁을 청 태종이 거부함.

문제 104 하멜 제주도 표착
연상결합 해답 : ㄱㅂㅁㄷ : 급히 모두 [1653년]

문제 105 제2차 나선 정벌
연상결합 해답 : ㄱㅂㅁㅇ : 과부 명하니 [1658년]

문제 106 호서지방에 대동법 실시
연상결합 해답 : ㄱㅂㅁㅈ : 급히 모자르다 [1659년]

※ 내용연상결합 104~106 : 급히 모두 나선 봄맞이에 쌀이 급히 모자란다.

문제 107 제언사 설치
연상결합 해답 : ㄱㅂㅂㄴ : 급변 [1662년]

문제 108 상평통보 주조
연상결합 해답 : ㄱㅂㅅㅇ : 급상 [1678년]

문제 109 전국적으로 대동법 실시
연상결합 해답 : ㄱㅅㅊㅇ : 가수 창 [1708년]

※ 내용연상결합 107~109 : 급변하는 상평통보 전국으로 대동

문제 110 백두산 정계비 건립
연상결합 해답 : ㄱㅅㄱㄴ : 갓끈 [1712년]

※ 내용연상결합 110 : 백두산 정계비에 갓끈으로 묶어 놓았다.

역사 연대 A.D 기원후(紀元後) 서기(西紀) 해설 111~113까지

☞ 낱말공식을 활용하거나 아니면 단어를 직접 만들어 글자의 자음을 이용하여 먼저 나오는 자음 순서를 가지고 숫자로 변환하여 연대와 주요내용을 결합하여 기억한다.

해설 111 탕평책은 조선 후기 영조가 당쟁을 해소하기 위해 당파간의 정치세력에 균형을 꾀한 불편부당의 정책을 말하며 탕평이라는 말은 서경 '주서' 홍범조에 나오는 것으로 무편무당왕도탕탕무당무편왕도평평이라는 글에서 유래한 것으로 어느 한 편에 치우치지 않음을 이르는 말이다. 정쟁의 폐단을 뼈저리게 겪고 왕위에 즉위한 영조는 1725년 즉위하자 당쟁의 폐단을 지적하고 탕평의 필요를 역설하는 교서를 내려 탕평정책의 의지를 굳혀갔다.

1725년 : 탕평책 실시

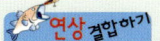 ㄱㅅㄴㅁ : 사계절 푸른 **구 소나무**처럼 변함없이 어느 한 편에 치우치지 않는다.

해설 112 조선 영조 26(1750)년에, 백성의 부담을 덜기 위하여 정하였던 납세 제도. 종래의 군포(조선 시대에, 군적에 든 사람이 군에 복무할 수 없는 처지일 때 그 대신 바치던 삼베나 무명)가 농민 경제를 크게 위협하자 군포를 2 필에서 1 필로 줄이고 그 부족액은 어업세·염세·선박세 등으로 보충하는 대책을 마련하였다.

1750년 : 균역법 실시

 ㄱㅅㅁㅊ : 균역법 실시하니 군포 1필을 **그 솜차**에 실었다.

해설 113 1763년(영조 39) 7월에 조엄은 통신사의 정사로 임명받으며 10월 6일 저녁 대마도 사스우라에 도착하였다. 그의 기행문인 「해사일기」에는 "이 섬에 먹을 수 있는 풀뿌리가 있는 데 왜음으로 고귀위마(古貴爲麻)라고 하는 이것은 생김새가 산약과 같고 무 뿌리와 같으며 그것은 생으로 먹을 수 있고 굽거나 삶아서도 먹을 수 있다. 떡을 만들거나 밥에 섞든지, 되지 않는 것이 없으니 가히 흉년을 지낼 수 있는 좋은 자료이다"라고 기록되어 있다. 그는 그 종자를 수행원을 통해 부산진으로 보내고 그 보관, 저장, 재배법을 알렸다. 이듬해인 1764년 7월에 돌아올 때 재배, 저장법을 익히고 그 종자를 갖고 와서 동래와 제주도 지방에 시험 재배한 것이 우리나라 고구마 재배의 실현으로 이어진 것이다.

1763년 : 고구마 전래

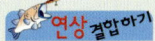 ㄱㅅㅂㅌ : 재배를 위해서 고구마를 **가시밭**에 심었다.

역사 연대 A.D 기원후(紀元後) 서기(西紀)   해설114～117까지

☞ 낱말공식을 활용하거나 아니면 단어를 직접 만들어 글자의 자음을 이용하여 먼저 나오는 자음 순서를 가지고 숫자로 변환하여 연대와 주요내용을 결합하여 기억한다.

해설 114 조선 시대에, 역대 임금의 시문·서화·유교·고명 등을 보관하던 관청이며 정조가 즉위한 1776년 궐내에 설치, 역대 국왕의 시문, 친필의 서화·고명·유교·선보·보감 등을 보관 관리하던 곳이다.

1776년 : 규장각 설치

 ㄱㅅㅅㅂ : 규장각 선비가 갓 써보니 기분이 좋다.

해설 115 한국 최초의 영세자이며 세례명은 베드로, 강원도 평창 출생이며 정조때 진사시에 합격했으나 벼슬을 단념하고 학문에 전심하다가 이벽을 만나 천주교에 심취하여 부친을 따라 청나라에 가서 베이징 천주교당 북당에서 교리 증부를 한 뒤 1784년 예수회의 루이 그라몽 신부에게 세례를 받았다. 이 해 교리 서적과 십자고상을 가지고 귀국하여 명동에 김범우의 집을 교회로 삼고 주일 미사와 영세를 행하며 전도를 시작하였다.

1784년 : 이승훈, 천주교 전도

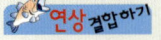 ㄱㅅㅇㄹ : 이승훈이 천주교 교리를 곳곳에 가서 알리다.

해설 116 경국대전을 원전으로 하여 만든 새 법전이며 대전통편 법전을 편찬 진행하기 위하여 찬집청을 신설하고 1781년(정조 5)부터 찬집을 개시하였다. 1785년에 편찬을 끝내고 왕의 교지로써 새 법전을 '대전통편'이라고 명명하였다.

1785년 : 대전통편 완성

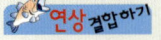 ㄱㅅㅇㅁ : 대전통편 편찬 시 찬집청에 있는 그 생모가 완성했다.

해설 117 서학(西學) 서양 학문의 뜻으로 천주교를 일컫는 말.

1786년 : 서학을 금함.

 ㄱㅅㅇㅂ : 서양 학문을 못하게 천주교 앞에서 인기 가수 오빠가 크게 노래를 부른다.

역사 연대 A.D 기원후(紀元後) 서기(西紀) 해설118~119까지

☞ 낱말공식을 활용하거나 아니면 단어를 직접 만들어 글자의 자음을 이용하여 먼저 나오는 자음 순서를 가지고 숫자로 변환하여 연대와 주요내용을 결합하여 기억한다.

해설 118 19세기 초 홍경래·우군칙 등의 주도로 평안도에서 일어난 넓은 의미에서의 농민 반란이며 조선 후기에 사회, 경제적인 역량이 성장함에 따라 여러 사회모순에 대한 저항의 분위기가 확산되어 갔다. 교육 기회가 늘어남에 따라 지식인이 양산되고, 경제력을 바탕으로 무사로서 입신하려는 사람들도 많아짐에 따라 정부에서는 문무 과거의 급제자를 크게 늘렸지만, 종래의 관직체제와 인재 등용 방식으로는 더 이상 그들을 포섭할 수 없어 불만 세력은 점점 늘어났다. 가산의 대정강 인근 다복동에 비밀 군사기지를 세워 내응세력을 포섭하고 군사력과 군비를 마련한 주도층은 1811년(순조 11) 12월 18일에 봉기하였다.
홍경래가 평서대원수로서 본대를 지휘하여 안주 방면으로 진격하고, 김사용은 부원수로서 의주 방면을 공략하였다. 일반 군졸은 상인들이 운산의 금광에서 일할 광부들을 구한다는 구실로 임금을 주어 끌어들인 인물들로서, 대개 가산·박천 지역의 땅 없는 농민이나 임금노동자들로 구성되었다.

1811년 : 홍경래의 난

 ㄱㅇㄱㄱ : 홍경래가 강국을 만들기 위해 난을 일으켰다.

해설 119 1839년(헌종 5)에 일어난 제2차 천주교 박해 사건이며 이 사건은 표면적으로는 천주교를 박해하기 위한 것이었으나, 실제에서는 시파인 안동 김씨로부터 권력을 탈취하려는 벽파 풍양 조씨가 일으킨 것이다. 1834년(헌종 즉위년) 헌종이 8세에 즉위하자 순조의 비 순원왕후가 수렴청정 하였으며, 왕대비를 적극 보필한 사람은 그 오빠 김유근이었다. 그러나 김유근의 은퇴로 천주교를 적대시하던 우의정 이지연이 정권을 잡으면서 상황은 변하였다. 형조판서 조병현으로부터 그 동안의 천주교 전파 상황을 보고받은 그는 1839년 3월 입궐하여, 천주교인은 무부무군으로 역적이니 근절하여야 한다는 천주교에 대한 대책을 상소하였다. 이어 사헌부집의 정기화도 천주교의 근절을 위하여 그 원흉을 잡지 않으면 안 된다는 상소를 올렸다. 이에 따라 포도청에서 형조로 이송된 천주교인은 43명이었으며, 대부분 배교하여 석방되었으나 남명혁, 박희순 등 9병은 끝내 불복하여 사형되었다. 5월 25일에는 대왕대비의 척사륜음이 내려졌으며, 천주교 박해는 전국적으로 확산되었다.

1839년 : 기해박해

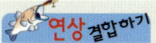 ㄱㅇㄷㅈ : 기해박해를 피해 강으로 도주했다.

역사 연대 A.D 기원후(紀元後) 서기(西紀)   해설120

☞ 낱말공식을 활용하거나 아니면 단어를 직접 만들어 글자의 자음을 이용하여 먼저 나오는 자음 순서를 가지고 숫자로 변환하여 연대와 주요내용을 결합하여 기억한다.

해설 120
1860년(철종 11) 경주 사람 최제우에 의하여 창도된 조선 후기의 대표적 신흥종교이며 유교·불교·도교를 절충한 것이다.
동학은 서학에 대응할 만한 동토 한국의 종교라는 뜻으로, 그 사상의 기본은 종래의 풍수사상과 유·불·선의 교리를 토대로 하여, '인내천 천심즉인심'의 사상에 두고 있다. '인내천'의 사상은 인간의 주체성을 강조하는 지상천국의 이념과 만민평등의 이상을 나타내는 것으로, 여기에는 종래의 유교적 윤리와 퇴폐한 양반사회의 질서를 부정하는 반봉건적이며 혁명적인 성격이 내포되어 있었다.

<u>1860년</u> : 최제우, 동학 창시

연상 결합하기   ㄱㅇㅂㅊ : 최제우에 의해 유교, 불교, 도교를 절충하여 공보처에 신흥종교로 등록하다.

168

핵심 내용을 연상하여 역사연대 기억하여 쓰기 문제 111~120

☞ 앞에서 공부한 주요내용을 연상하여 아래 문제에 해당되는 연도를 낱말로 쓰고 나서 다시 숫자로 기록하세요.

	핵심 내용	연도 낱말쓰기	연도 숫자쓰기
문제 111	탕평책 실시	[ ]	[년]
문제 112	균역법 실시	[ ]	[년]
문제 113	고구마 전래	[ ]	[년]
문제 114	규장각 설치	[ ]	[년]
문제 115	이승훈, 천주교 전도	[ ]	[년]
문제 116	대전통편 완성	[ ]	[년]
문제 117	서학을 금함	[ ]	[년]
문제 118	홍경래의 난	[ ]	[년]
문제 119	기해박해	[ ]	[년]
문제 120	최제우, 동학 창시	[ ]	[년]

역사사건의 제목과 연상 결합하여 만들어 놓은 문제 111~120 해답

☞ 앞에서 공부한 역사 사건의 주요 핵심 단어와 숫자의 낱말 결합이 잘 안되면 이미 결합해 놓은 것을 가지고 기억해도 됩니다.

문제 111 탕평책 실시
연상결합 해답 : ㄱㅅㄴㅁ : 구 소나무 [1725년]

문제 112 균역법 실시
연상결합 해답 : ㄱㅅㅁㅊ : 그 솜차 [1750년]

문제 113 고구마 전래
연상결합 해답 : ㄱㅅㅂㅌ : 가시밭 [1763년]

※내용연상결합 111~113 : 사계절 푸른 구 소나무 앞에서 군포를 이고 가시밭을 걷는다.

문제 114 규장각 설치
연상결합 해답 : ㄱㅅㅅㅂ : 갓 써보니 [1776년]

문제 115 이승훈, 천주교 전도
연상결합 해답 : ㄱㅅㅇㄹ : 가서 알리다 [1784년]

문제 116 대전통편 완성
연상결합 해답 : ㄱㅅㅇㅁ : 그 생모 [1785년]

※내용연상결합 114~116 : 규장각에 천주교를 전한 그 생모.

문제 117 서학을 금함
연상결합 해답 : ㄱㅅㅇㅂ : 가수 오빠 [1786년]

문제 118 홍경래의 난
연상결합 해답 : ㄱㅇㄱㄱ : 강국 [1811년]

문제 119 기해박해
연상결합 해답 : ㄱㅇㄷㅈ : 강으로 도주 [1839년]

※내용연상결합 117~119 : 가수 오빠에게 압력 받은 홍경래가 강으로 도주한다.

문제 120 최제우, 동학 창시
연상결합 해답 : ㄱㅇㅂㅊ : 공보처 [1860년]

※내용연상결합 120 : 동학을 공보처에 등록했다.

역사 연대 A.D 기원후(紀元後) 서기(西紀)   해설121~123까지

☞ 낱말공식을 활용하거나 아니면 단어를 직접 만들어 글자의 자음을 이용하여 먼저 나오는 자음 순서를 가지고 숫자로 변환하여 연대와 주요내용을 결합하여 기억한다.

해설 121 조선 후기 김정호가 제작한 한국지도이며 1985년 8월 9일 보물 제850호로 지정되었다. 목판본이며, 전체를 22첩으로 꾸며서 접으면 책자가 되고, 2~3첩씩 합쳐서 볼 수도 있으며 모두 펼치면 전도(全圖)가 되게 제작한 것이다. 1861년(철종 12) 김정호 자신이 판각하여 초판을 발간하였다. 일반인이 편리하게 사용할 수 있도록 접었다 폈다 할 수 있는 책자 형식의 분첩절첩식으로 만들었다.

> 1861년 : 김정호, 대동여지도 제작

연상결합하기 ㄱㅇㅂㄱ : 김정호가 대동여지도를 그리기 위해서 **강북** 일대를 답사했다.

해설 122 1862년(철종 13) 3남(영남·호남·충남) 약 71개 지역에서 일어난 농민항쟁 농업 생산력과 상품화폐 경제가 발달함에 따라 농민층이 급속히 분해 되었으며, 그 결과 자영농민층의 몰락이 심화되었다. 이 같은 상황에서 지주와 소 빈농·작인 사이에 경제적 이해를 둘러싼 대립이 첨예화되었다. 농민들은 청원서를 통해 부세문제의 해결을 요구조건으로 내걸었는 데, 그 구체적인 내용은 조세량의 증가문제와 관속들이 저지르는 부정행위의 시정이었다. 또한 농민들은 사대부 토호에 의한 향촌의 무단지배에 대해 항의하고 불안정한 사태 하에서도 부정지방관리에 항거하여 봉기할 것을 결정하게 된 것이다.

> 1862년 : 임술 농민 봉기(진주민란)

연상결합하기 ㄱㅇㅂㄴ : 임술 농민 봉기를 **강변**에서 일으켰다.

해설 123 조선 제26대 고종(재위 1863~1907) 12세에 즉위하였다. 25대 철종이 후손 없이 승하하자 왕위를 이을 자손이 없어 왕족 중에서 왕위를 이어 받았다. 고종은 나이가 어려 나라를 다스릴 능력이 없어서 그의 생부인 흥선 대원군이 대신 국가 권력을 한 손에 쥐고 나라를 다스린다. 그의 정치적 수완은 만만치가 않다. 마침내 대원군과 며느리인 명성황후 사이에 정치적 알력이 생긴다.

> 1863년 : 고종 즉위, 흥선 대원군 집권

연상결합하기 ㄱㅇㅂㄷ : 흥선 대원군이 **강**압적으로 고종을 **받**들다.

역사 연대 A.D 기원후(紀元後) 서기(西紀)   해설124~125까지

☞ 낱말공식을 활용하거나 아니면 단어를 직접 만들어 글자의 자음을 이용하여 먼저 나오는 자음 순서를 가지고 숫자로 변환하여 연대와 주요내용을 결합하여 기억한다.

해설 124 1871년(고종 8) 미국이 1866년의 제너럴셔먼호 사건을 빌미로 조선을 개항 시키려고 무력 침략한 사건이다. 조선과의 통상관계 수립을 목적으로 1871년 조선을 침략하였다. 미군은 조선에 탐측 승낙을 일방적으로 통고한 뒤 서울의 관문인 강화도 해협 수로의 측량과 정찰을 목적으로 두 척의 군함을 파견하였다. 당시 밖으로 강력한 쇄국 정책을 실시하던 흥선 대원군은 미군의 불법 영해침범을 경고하고 즉시 철수를 요구하였다. 미군은 이 곳에서 조선정부를 상대로 위협적인 외교적 수단으로 조선을 개항시키려 하였으나, 흥선 대원군의 단호한 쇄국정책과 조선 민중의 저항에 부딪혀 뜻을 이루지 못하였다.

1871년 : 신미양요

 ㄱㅇㅅㄱ : 신미양요 때 미국의 배를 강화도 강 속에 침몰시킴.

해설 125 1876년(고종 13) 조선과 일본간에 체결된 수호조약이며 1876년 정한론이 대두되던 일본 정부에서는 전권대신 일행을 조선에 파견하여 운요호의 포격에 대하여 힐문함과 아울러 개항을 강요하였다. 2월에는 일본 사신 일행이 군함 2척, 운송선 3척에 약 400명의 병력을 거느리고 강화도 갑곶에 상륙하여 협상을 강요해왔다. 이에 조선 정부는 국제관계의 대세에 따라 수호통상의 관계를 맺기로 결정하고 신헌을 강화도에 파견하여 일본 사신 구로다 기요타카와 협상하게 한 결과, 수호조약이 체결되었다. 일본의 무력시위 아래 체결된 최초의 불평등조약이며 그 조약은 모두 12개조로 되어 있으므로 그 내용에는 정치적·경제적 세력을 조선에 침투시키려는 의도가 반영되어 있다.

1876년 : 강화도 조약 맺음

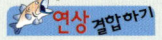 ㄱㅇㅅㅂ : 강화도 조약으로 개항에 드는 공사비가 많이 들어간다.

역사 연대 A.D 기원후(紀元後) 서기(西紀)   해설126~128까지

☞ 낱말공식을 활용하거나 아니면 단어를 직접 만들어 글자의 자음을 이용하여 먼저 나오는 자음 순서를 가지고 숫자로 변환하여 연대와 주요내용을 결합하여 기억한다.

해설 126 조선 후기의 의사·문신·국문학자. 종두는 천연두 면역을 위하여 사람 몸에 우두를 접종하는 일. 1876년(고종13) 수신사 김기수의 통역관으로 일본에 갔던 스승 박영선으로부터 구가 가쓰아키의 종두귀감을 전해 받고 종두에 관심을 갖기 시작하였다. 1879년 부산에 있던 일본 해군병원 제생의원에서 종두법을 배우고, 그해 겨울 처가가 있는 충주 덕산면에서 한국 최초로 종두를 실시하고 이듬해 서울에서도 부산 제생의원에서 보내온 두묘로 종두를 실시하였다.

1879년 : 지석영, 종두법 실시

연상결합하기 ㄱㅇㅅㅈ : 지석영이 종두법을 궁 세자에게 먼저 실시하였다.

해설 127 1882년(고종 19) 6월 일본식 군제 도입과 민씨 정권에 대한 반항으로 일어난 구식 군대의 군변이며 민씨 측근 세력들을 살해하고 일본 공사관을 습격 군료 미지급, 별기군과의 차별대우로 인해서였다. 구 훈련도감 군병들에게 1개월분의 급료를 지불하게 되었으나 선혜청 고직의 농간으로 겨와 모래가 섞였을 뿐 아니라 두량도 절반 정도밖에 되지 않아 군료의 수령을 거부하고 시비를 따지게 되었다. 병조판서 민겸호는 체포령을 내려 주동자들을 포도청에 잡아가서 혹독한 고문을 당하게 하였다. 그들 중 2명은 곧 사형되리라는 소문이 퍼지게 되자 군병들은 더욱 격분하여 정변으로 확산되었다.

1882년 : 임오군란

연상결합하기 ㄱㅇㅇㄴ : 임오군란은 훈련도감 구식 군대와 별기군과의 차별대우를 종식할 것을 공언하다.

해설 128 1883년(고종 20) 10월 30일에 창간된 한국 최초의 신문이며 조선정부는 같은 해 8월 17일 정부 내에 출판사업을 위한 박문국을 설치하고 일본으로부터 인쇄기계와 신문용지를 구입하여 순간(旬刊)잡지 형태의 관보로 한성 순보를 간행하였다. 체제는 19×26.5cm 크기의 전단지로 매호 24면을 발행하였으며, 표제와 본문 모두 4호 활자를 썼다. 태극기(太極旗) 1883년(고종 20) 조선의 국기로 채택되고, 1948년부터 대한 민국 국기로 사용되고 있다.

1883년 : 한성 순보 발간, 태극기 사용

연상결합하기 ㄱㅇㅇㄷ : 한성 순보 발간지를 받고 기어오다. 태극기를 제일 먼저 강제로 얻다.

역사 연대 A.D 기원후(紀元後) 서기(西紀)   해설129~130까지

☞ 낱말공식을 활용하거나 아니면 단어를 직접 만들어 글자의 자음을 이용하여 먼저 나오는 자음 순서를 가지고 숫자로 변환하여 연대와 주요내용을 결합하여 기억한다.

해설 129 1884년(고종 21) 김옥균을 비롯한 급진개화파가 개화사상을 바탕으로 조선의 자주독립과 근대화를 목표로 일으킨 정변이며 조선 후기 이래로 조선시대의 사회는 안으로는 봉건체제의 낡은 틀을 깨뜨리고 자본주의의 근대사회로 나아가려는 정치·경제·사회적 변화가 일고 있었고, 밖으로는 무력을 앞세워 통상을 요구하는 구미 자본주의 열강의 침략 위협이 높아지고 있었다. 이런 가운데 일부 중인출신 지식인과 양반관료들 사이에서는 조선사회의 사회경제적 모순을 깨닫고 세계역사의 발전방향에 따라서 사회를 이끌려는 개화사상이 형성되었다. 이 사상에 따라 내외정치를 개혁하려고 결집된 정치세력이 개화파이다.

1884년 : 갑신정변

연상결합하기 ㅋㅇㅇㄹ : 김옥균을 비롯한 급진 개혁파의 노력에 고종은 간이 **콩알** 만치 적어지다.

해설 130 1885년 4월부터 약 2년간 영국의 동양함대가 전남 거문도를 점령한 사건이며 영국은 러시아의 선점(先占)을 예방하고 러시아를 견제한다는 명분을 내세워, 영국선박 1척이 러시아가 점령 대상지로 삼았다는 영흥만 일대를 탐사한 후, 4월 15일 군함 6척·상선 2척으로 거문도를 점령하고 그 달 하순경 영국기를 게양 하였고, 한국 정부는 영국 부영사와 청나라 주재 영국 대리공사에게 항의를 제기하였다.

1885년 : 거문도 사건

연상결합하기 ㄱㅇㅇㅁ : 거문도에 러시아군이 **기어 오며**, 영국군이 먼저 **강**제로 **암**석 위에 영국 기를 꽂았다.

| 핵심 | 내용을 연상하여 역사연대 기억하여 쓰기 | 문제 121~130 |

☞ 앞에서 공부한 주요내용을 연상하여 아래 문제에 해당되는 연도를 낱말로 쓰고 나서 다시 숫자로 기록하세요.

		연도 낱말쓰기	연도 숫자쓰기
문제 121	김정호, 대동여지도 제작	[　　　　]	[　　　년]
문제 122	임술 농민 봉기	[　　　　]	[　　　년]
문제 123	고종 즉위 대원군 집권	[　　　　]	[　　　년]
문제 124	신미양요	[　　　　]	[　　　년]
문제 125	강화도 조약 맺음	[　　　　]	[　　　년]
문제 126	지석영, 종두법 실시	[　　　　]	[　　　년]
문제 127	임오군란	[　　　　]	[　　　년]
문제 128	한성 순보 발간, 태극기 사용	[　　　　]	[　　　년]
문제 129	갑신정변	[　　　　]	[　　　년]
문제 130	거문도 사건	[　　　　]	[　　　년]

역사사건의 제목과 연상 결합하여 만들어 놓은 문제 121~130 해답

☞ 앞에서 공부한 역사 사건의 주요 핵심 단어와 숫자의 낱말 결합이 잘 안되면 이미 결합해 놓은 것을 가지고 기억해도 됩니다.

문제 121 김정호, 대동여지도 제작
 연상결합 해답 : ㄱㅇㅂㄱ : 강북   [1861년]

문제 122 임술 농민 봉기
 연상결합 해답 : ㄱㅇㅂㄴ : 강변   [1862년]

문제 123 고종 즉위 대원군 집권
 연상결합 해답 : ㄱㅇㅂㄷ : 강압으로 받다   [1863년]

※내용연상결합 121~123 : 강북 강변에서 강압으로 받다.

문제 124 신미양요
 연상결합 해답 : ㄱㅇㅅㄱ : 강 속   [1871년]

문제 125 강화도 조약 맺음
 연상결합 해답 : ㄱㅇㅅㅂ : 공사비   [1876년]

문제 126 지석영, 종두법 실시
 연상결합 해답 : ㄱㅇㅅㅈ : 궁 세자   [1879년]

※내용연상결합 124~126 : 강화도 강 속 공사비가 지석영 때문에 만만치가 않다.

문제 127 임오군란
 연상결합 해답 : ㄱㅇㅇㄴ : 공언   [1882년]

문제 128 한성 순보 발간, 태극기 사용
 연상결합 해답 : ㄱㅇㅇㄷ : 기어 오다   [1883년]

문제 129 갑신정변
 연상결합 해답 : ㅋㅇㅇㄹ : 콩알   [1884년]

※내용연상결합 127~129 : 공언한 구식 군대가 기어오다 발각될까 간이 콩알만 해지다.

문제 130 거문도 사건
 연상결합 해답 : ㄱㅇㅇㅁ : 기어 오며, 강 암석   [1885년]

※내용연상결합 130 : 기어 오며 강 암석에 영국 기를 꽂다.

역사 연대 A.D 기원후(紀元後) 서기(西紀)   해설131~132까지

☞ 낱말공식을 활용하거나 아니면 단어를 직접 만들어 글자의 자음을 이용하여 먼저 나오는 자음 순서를 가지고 숫자로 변환하여 연대와 주요내용을 결합하여 기억한다.

해설 131 1889년 조선 고종 때 식량난을 해소하기 위해 곡물의 수출을 금지한 명령이며, 1876년 강화도 조약으로 일본에 개국한 이래 일본상인들은 우리 농촌에 침투하여 갖은 방법으로 쌀·콩 등을 매점해서 이를 일본으로 반출하였다. 통제를 받지 않고 곡물이 계속 반출되자 곡물의 절대비축량이 부족하여 식량난을 가중시켰으며 88년(고종 25)에는 흉년이 들어 굶주리는 백성들을 구제할 방도가 없게 되자 전국 여러 곳에서 연달아 폭동이 일어났다.

이에 곡물수출항인 원산을 관장하던 함경도관찰사 조병식은 1889년 9월 한일통상장정 제37관을 근거로 원산항을 통하여 해외로 반출되는 콩의 유출을 금지하는 방곡령을 발포하였다.

> 1889년 : 함경도에 방곡령 실시

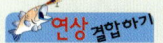 ㄱㅇㅇㅈ : 함경도에 방곡령 선포는 강아지도 좋아 한다.

해설 132 1894년(고종 31) 개화당이 집권한 이후 근대적 국가형태로 고친 일이다.
2차에 걸쳐 봉기한 반봉건·외세배척운동으로서의 동학 농민 운동이 실현되지 못한 가운데 이를 진압할 목적으로 정부는 청·일 양국에 원병을 요청하였다. 그러나 동학농민군의 세력이 약화됨에 따라 양국은 더 이상 조선에 주둔할 필요가 없게 되었다. 그러나 일본은 단독으로 조선에 대한 내정개혁을 요구하였으며 일본 군대는 왕궁을 포위하고 대원군을 앞세워 민씨 일파를 축출하였으며, 김홍집을 중심으로 하는 온건개화파의 친일정부를 수립하여 국정개혁을 단행하였다. 조선 정부는 교정청에 의한 독자적인 개혁을 하고 있다는 이유로 일단 거절하였다.

그러나 1894년 7월부터 대원군의 섭정이 다시 시작되어 제1차 김홍집내각이 성립되었으며, 김홍집·김윤식·김가진 등 17명의 회의원으로 구성된 군국기무처라는 임시 합의기관이 설치되었다. 1차 개혁 때에는 중앙관제를 의정부와 궁내부로 구별하고 종래의 6조를 8아문으로 개편, 이를 의정부 직속으로 하였다. 그리고 과거제도 폐지, 사법권 독립, 도량형 일본식으로 개편, 군제개편, 탁지부에서 관장하여 재정을 일원화하였다.

> 1894년 : 갑오개혁, 동학 농민 운동

 ㄱㅇㅈㄹ : 군국기무처에서 갑옷을 공짜로 내주며 개혁했다.

역사 연대 A.D 기원후(紀元後) 서기(西紀) 해설133~134까지

☞ 낱말공식을 활용하거나 아니면 단어를 직접 만들어 글자의 자음을 이용하여 먼저 나오는 자음 순서를 가지고 숫자로 변환하여 연대와 주요내용을 결합하여 기억한다.

해설 133 1895년(고종 32) 일본공사 미우라 고로가 주동이 되어 명성황후를 시해하고 일본세력 강화를 획책한 정변이다.

1895년 10월 2일 하수인으로서 한성신보사에 있는 낭인을 이용하고자 사장 아다치를 공사관으로 불러 거사자금을 주고 왕비시해의 전위대로 삼아, 흥선대원군을 궁중으로 호위하는 일을 담당시켰다. 한편 정부에서는 군부대신 안경수를 일본 공사관에 보내어 훈련대 해산과 무장해제, 민영준의 궁내부대신 임명을 통고하였다. 일본은 상황이 급변함을 직감하고 명성황후 시해계획을 10월 8일 새벽으로 결행하였다.

흥선 대원군을 앞세운 일본인 자객들은, 광화문을 통과하였다. 훈련대 연대장 홍계훈과 군부대신 안경수가 1개 중대의 시위대 병력으로, 이들의 대궐 침범을 제지하려다 충돌이 일어났다. 흉도들은 궁내부대신 이경직과 홍계훈을 살해한 다음, 이어서 왕비의 침실인 옥호루에 난입하여 왕비를 살해하고, 시체에 석유를 뿌려 불사른 뒤 뒷산에 묻었다.

1895년 : 을미사변

 ㄱㅇㅈㅁ : 을미사변 때 명성 황후는 죽어서 고이 잠을 잤다.

해설 134 명성 황후가 살해된 을미사변 이후 신변에 위협을 느낀 고종과 왕세자가 1896년(건양 1) 2월 11일부터 약 1년간 왕궁을 비어두고 러시아 공관에 옮겨 거처한 사건이다. 아관 파천 1년간은 내정에 있어서도 러시아의 강한 영향력 밑에 놓이게 되어 정부 각부에 러시아인 고문과 사관이 초빙되고, 러시아 무기가 구입되어 중앙 군제도 러시아식으로 개편되었으며 재정도 러시아인 재정고문에 의해 간섭받았다.

1896년 : 아관 파천

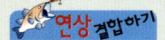 ㄱㅇㅈㅂ : 고종과 태자가 러시아 공사 집에서 지냈다.

역사 연대 A.D 기원후(紀元後) 서기(西紀)   해설135~136까지

☞ 낱말공식을 활용하거나 아니면 단어를 직접 만들어 글자의 자음을 이용하여 먼저 나오는 자음 순서를 가지고 숫자로 변환하여 연대와 주요내용을 결합하여 기억한다.

해설 135 대한제국은 1897년 10월 12일부터 1910년 8월 29일까지의 조선의 국명이다. 고종은 러시아의 영향에서 벗어나라는 내외의 압력에 따라 러시아 공관을 떠나 경운궁(덕수궁)으로 환궁하고 1897년 2월 고종이 환궁한 후 독립협회와 일부 수구파가 연합하여 칭제건원을 추진하고 8월에 연호를 광무(光武)로 고쳤으며, 9월에는 원구단을 세웠고, 드디어 1897년 10월 12일 왕을 황제라 칭하여 황제 즉위식을 올림으로써 대한제국이 성립되었다.

1897년 : 대한 제국 성립

연상결합하기 ㄱㅇㅈㅅ : 대한 제국 성립 후 경조사 치렀다.

해설 136 1905년(광무 9) 일본이 한국의 외교권을 박탈하기 위해 한국 정부를 강압하여 체결한 조약이며 제2차 한일협약·을사오조약·을사늑약이라고도 한다. 제3차 러일협약 체결을 계기로 러시아와 일본이 타협하여 일제의 한국 진출은 경제적인 면에 주력하게 되었다.
청일전쟁의 결과 일본이 청국으로부터 받은 배상금은, 한국의 철도부설권을 점차 획득하고 광산·삼림·어업·항시·온천 등에서 얻은 갖가지 이권과 함께 한국의 금수출·상무역까지 장악하는 밑바탕이 되었다.
을사조약이 체결된 후 일본은 주한일본공사관을 철폐하여 신설한 통감부로 이양하고 각지에 있던 여사관은 이사청으로 개편하는 통감부 및 이사청관제를 1905년 12월 20일에 공포함으로써 서울에는 통감부가 개설되고 개항장과 주요 도시 13개소에는 이사청이, 기타 도시 11개소에는 지청이 설치되었다.

1905년 : 을사조약

연상결합하기 ㄱㅈㅊㅁ : 일본이 거지 침 뱉는 을사조약이다.(가죽치마)

역사 연대 A.D 기원후(紀元後) 서기(西紀)   해설137~138까지

☞ 낱말공식을 활용하거나 아니면 단어를 직접 만들어 글자의 자음을 이용하여 먼저 나오는 자음 순서를 가지고 숫자로 변환하여 연대와 주요내용을 결합하여 기억한다.

해설 137 1906년(광무 10) 2월부터 10년(융희 4) 8월까지 일제가 한국을 병탄(남의 재물·영토·주권 등을 강제로 한데 아울러서 제 것으로 삼음)할 예비공작을 위해 서울에 설치한 기관이며 1905년 11월 체결한 을사조약의 규정에 따라 1906년 1월 31일자로 일제의 공사관이 폐쇄되고 2월 1일 임시통감 하세가와 요시미치가 취임함으로써 통감부의 업무가 개시되었다. 이와 함께 전국 12개 지방에는 한국의 지방관청을 감독하는 그들의 이사청이, 11개 지방에는 그 지청이 설치되고 일제의 경찰도 전국적으로 배치되었으며, 3월 2일에는 초대통감 이토히로부미가 정식으로 착임하여 한국 경략을 위한 통감부 정치가 본격적으로 시작되었다. 이로부터 일제는 한국의 외교권을 대행함은 물론, 이른바 '통감정치'를 행하여 내정을 간섭하였다. 1907년 6월에는 밀사사건을 계기로 고종 황제를 강제로 퇴위시키고 순종을 즉위시켰다.

1906년 : 통감부 설치

연상결합하기 ㄱㅈㅊㅂ : 통감부에서는 하는 일은 거지 첩도 웃는다.

해설 138 국채 보상 운동 1907년(융희 1) 2월 대구에서 발단된 주권수호 운동이며 국채 보상 운동은 1907년 2월 나라의 국권을 회복하기 위해 2천만 동포가 금연을 통해 모은 돈으로 국채를 보상하는 취지문이 대한매일신보에 발표되자 전국에 20여개의 국체보상운동단체가 창립되고, 전국의 남녀노소, 빈부귀천 없이 누구나 참여하였다. 이로 말미암아 1905년 6월에 구채상환 및 세계보충비로 도쿄에서 200만 원의 공채를 모집하지 않을 수 없었으며, 1907년 2월 대구 광문사의 명칭을 대동 광문회라 개칭하는 특별회에서 회원인 서상돈이 국채 보상 운동을 전개하자고 제의, 참석자 전원의 찬성으로 국채보상취지서를 작성 발표하면서부터이다. 이 운동이 실시된 이후 4월 말까지 보상금을 의연한 사람은 4만여 명이고 5월까지의 보상금액은 230만 원 이상이 되었다.

1907년 : 국채 보상 운동

연상결합하기 ㄱㅈㅊㅅ : 국채 보상 운동 때 (19) 아이구, 채소까지 냈다.

역사 연대 A.D 기원후(紀元後) 서기(西紀)   해설138 - 2 ~ 3까지

☞ 낱말공식을 활용하거나 아니면 단어를 직접 만들어 글자의 자음을 이용하여 먼저 나오는 자음 순서를 가지고 숫자로 변환하여 연대와 주요내용을 결합하여 기억한다.

해설 138-2 [고종황제 퇴위] 일제는 을사 5적인 이완용, 송병준 등을 앞세워 고종 황제의 퇴위를 강요, 당시 일제는 반일 노선을 견지한 고종 황제를 퇴위시킴으로써 더욱 노골적인 내정간섭을 통해 향후 대한제국 국권을 탈취할 목적이었다.
1907년 제2회 만국 평화 회의가 네덜란드의 헤이그에서 열리자 고종은 밀사 이준 등을 파견하여 국권 회복을 기도하였으나 일본의 방해로 실패되자 오히려 이 밀사사건 때문에 일본의 협박으로 황태자(순종)에게 양위한 후 퇴위하였다.

1907년 : 고종 황제 퇴위

 ㄱㅈㅊㅅ : 고종은 (19) **아이고 치사**하게 퇴위했다.

해설 138-3 신민회 설립은 1907년에 국내에서 결성된 항일 비밀결사이며 1907년을 전후하여 일제가 보안법, 신문지법 등의 악법을 만들어 반일적 색채를 띤 계몽운동을 탄압함에 따라, 사회 계몽 운동가들이 국권 회복 운동을 위해 비밀리에 조직하여 안창호의 발기로 창립된 단체이다.

1907년 : 신민회 설립

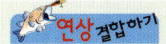 ㄱㅈㅊㅅ : 신민회에서 (19) **아이구 처소** 설립을 잘 했다.

[신민회의 활동]
① 교육 구국 운동 : 오산학교, 대성학교 설립하고 강화에 중학교 본교를 둔 보창학교는 강화군에만 21개 소학교 분교를 열었다.

② 계몽 강연 및 서적·잡지 출판운동 : 출판물 보급과 사업연락을 위해서는 평양·서울·대구에 각각 태극서관(太極書館)을 두고 합법적인 활동을 하였다.

③ 민족 산업 진흥 운동 : 평양에 자기제조주식회사(도자기 회사)를 세운 것을 비롯하여 협성동사·상무동사·조선실업회사 등의 회사를 세웠으며 기업 활동을 주도했다.

④ 독립군 양성 운동 : 의병운동의 현대화를 위해 국외에 무관학교를 설립하고 만주 일대 독립군 기지를 선정, 독립전쟁을 일으킬 것을 계획했다.

역사 연대 A.D 기원후(紀元後) 서기(西紀)   해설 139~140까지

☞ 낱말공식을 활용하거나 아니면 단어를 직접 만들어 글자의 자음을 이용하여 먼저 나오는 자음 순서를 가지고 숫자로 변환하여 연대와 주요내용을 결합하여 기억한다.

해설 139 1914년 러시아 블라디보스토크에서 권업회를 이끈 이상설 등이 중심이 되어 조직한 망명정부이며 1911년 항일 독립 운동을 하기 위하여 조직된 권업회는 이상설을 초대 의장으로 추대하고, 광복군 사관을 양성하기 위하여 1913년 사관학교 대전학교를 설립 운영하였다. 또한, 러시아의 극동지역 총독과 교섭하여 광복군이 사용할 군영지를 빌리고, 광복군 병사의 양성을 위하여 양군호와 해도호라는 비밀결사를 조직하였다.
이상설·이동휘·이종호·정재관 등은 시베리아와 만주 및 미주 지역에 흩어져 있는 무장 독립 운동 단체를 모아 효과적인 독립전쟁을 전개하기 위한 조직을 갖추기로 하였다.
이들은 러일전쟁 10주년을 맞아 러시아에서 반일 감정이 한창 고조되어 있었고, 또한 한국인의 시베리아 이민 50주년이 되는 때에 맞추어 1914년 대한광복군 정부를 수립하고 대통령에 이상설, 부통령에 이동휘를 선출하였다.

> 1914년 : 대한 광복군 정부 수립

 ㄱㅈㄱㅎ : 대한 광복군 정부 수립 때 **가족화**하였다.

해설 140 일본 식민지(본국의 밖에 있으면서 본국의 특수한 지배를 받는 지역) 지배하의 한국에 1919년 3월 1일을 기하여 일어난 범민족 항일 독립 운동이며 기미독립운동 이라고도 한다. 1910년 이래 한국은 일본의 조선 총독부 통치하에 놓여 있었는데, 제국주의 침략에 대한 한민족의 항일 독립 투쟁은 각지에 의병을 낳고 널리 민족 계몽 운동으로 발전하여 갔다. 일본은 이와 같은 민족 독립 운동을 탄압하기 위하여, 헌병경찰 제도를 실시하여 항일 독립 운동 투사들을 학살·투옥하고, 일체의 결사와 언론활동을 금지하였다 이러한 무단정치는 한국의 고유문화를 말살하였을 뿐만 아니라, 토지·광산·철도·금융 등 모든 분야의 이권을 독점 경영하였으며, 한민족의 경제발전마저 극도로 제한하였다. 한국의 지도자들은 해외로 망명하고, 특히 무력투쟁으로 혹은 외교활동을 통하여 조국의 국권 회복을 위한 선두에 섰다.

> 1919년 : 3·1운동

 ㄱㅈㄱㅈ : 우리 모두 3·1운동 때 **기자 가자**!

핵심 내용을 연상하여 역사연대 기억하여 쓰기   문제 131~140

☞ 앞에서 공부한 주요내용을 연상하여 아래 문제에 해당되는 연도를 낱말로 쓰고 나서 다시 숫자로 기록하세요.

문제	핵심 내용	연도 낱말쓰기	연도 숫자쓰기
문제 131	함경도에 방곡령 실시	[ ]	[년]
문제 132	갑오개혁	[ ]	[년]
문제 133	을미사변	[ ]	[년]
문제 134	아관 파천	[ ]	[년]
문제 135	대한 제국 성립	[ ]	[년]
문제 136	을사조약	[ ]	[년]
문제 137	통감부 설치	[ ]	[년]
문제 138	국채 보상 운동, 고종 황제 퇴위 신민회 설립	[ ]	[년]
문제 139	대한 광복군 정부 수립	[ ]	[년]
문제 140	3·1운동, 대한 민국 임시 정부 수립	[ ]	[년]

역사사건의 제목과 연상 결합하여 만들어 놓은 문제 131~140 해답

☞ 앞에서 공부한 역사 사건의 주요 핵심 단어와 숫자의 낱말 결합이 잘 안되면 이미 결합해 놓은 것을 가지고 기억해도 됩니다.

문제 131 함경도 방곡령 실시
연상결합 해답 : ㄱㅇㅇㅈ : 강아지 [1889년]

문제 132 갑오개혁
연상결합 해답 : ㄱㅇㅈㄹ : 공짜로 [1894년]

문제 133 을미사변
연상결합 해답 : ㄱㅇㅈㅁ : 고이 잠 [1895년]

※ 내용연상결합 131~133 : 강아지가 공짜로 먹고 고이 잠들다.

문제 134 아관 파천
연상결합 해답 : ㄱㅇㅈㅂ : 공사 집 [1896년]

문제 135 대한제국 성립
연상결합 해답 : ㄱㅇㅈㅅ : 경조사 [1897년]

문제 136 을사조약
연상결합 해답 : ㄱㅈㅊㅁ : 거지 침 [1905년]

※ 내용연상결합 134~136 : 공사 집 경조사에 거지가 침 뱉다.

문제 137 통감부 설치
연상결합 해답 : ㄱㅈㅊㅂ : 거지 첩 [1906년]

문제 138 국채보상 운동 (19)아이구 채소, 고종 황제 퇴위(아이고), 신민회 설립(아이구)
연상결합 해답 : ㄱㅈㅊㅅ : 채소, 치사, 처소 [1907년]

문제 139 대한 광복군 정부 수립
연상결합 해답 : ㄱㅈㄱㅎ : 가족화 [1914년]

※ 내용연상결합 137~139 : 통감부에서 채소를 치사하게 먹고 가족화하였다.

문제 140 3·1운동, 대한민국 임시정부 수립
연상결합 해답 : ㄱㅈㄱㅈ : 기자 가자 [1919년]

※ 내용연상결합 140 : 3·1운동이나 대한 민국 임시 정부 수립 때 기자 가자!

역사 연대 A.D 기원후(紀元後) 서기(西紀)   해설 141~143까지

☞ 낱말공식을 활용하거나 아니면 단어를 직접 만들어 글자의 자음을 이용하여 먼저 나오는 자음 순서를 가지고 숫자로 변환하여 연대와 주요내용을 결합하여 기억한다.

해설 141 1920년 10월 10~12일, 김좌진 장군이 이끄는 북로군정서의 2,500명 독립군이 만주 허룽현 청산리 백운평·천수평·마록구 등지의 3차에 걸친 전투에서 5만의 왜군을 대파한 싸움이며 한국 무장독립운동 사상 가장 빛나는 전과를 올린 대첩(대승)으로 독립전사에 기록되어 있다.

　1920년 : 김좌진 장군의 청산리 대첩

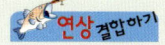 ㄱㅈㄴㅊ : 김좌진 장군이 청산리 대첩으로 **기념 잔치**를 하다.

해설 142 어린이의 인격을 소중히 여기고, 어린이의 행복을 도모하기 위해 제정한 기념일이며 미래 사회의 주역인 어린이들이 티 없이 맑고 바르며, 슬기롭고 씩씩하게 자라날 수 있도록 어린이들에게 꿈과 희망을 심어 주고자 제정한 기념일로, 매년 5월 5일이며, 법정 공휴일이다. 소파 방정환을 중심으로 어린이들에게 민족의식을 불어 넣고자 하는 운동이 활발하게 전개되기 시작해 1923년 5월 1일, 색동회를 중심으로 방정환 외 8명이 어린이날을 공포하고 기념행사를 치름으로써 비로소 어린이날의 역사가 시작되었다.

　1923년 : 어린이날 제정

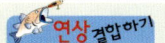 ㄱㅈㄴㄷ : 어린이날에는 어린이를 데리고 놀이공원에 **가준다**.

해설 143 1926년 6월 10일 조선의 마지막 임금 순종의 국장일을 기하여 일어난 독립운동이며 병인만세사건이라고도 한다. 주동자는 연희전문의 이병립·박하균, YMCA 영어과의 박두종, 중앙고보의 이선호·이황희, 경성대학의 이천진 등이다. 이들은 순종의 국장일인 6월 10일에 많은 민중이 참배할 것을 예상하고 이를 계기로 3·1 운동과 같은 대일 항쟁 운동을 유발하고자 격문을 인쇄하고 태극기를 만드는 등 사전준비를 하였다. 조선총독부는 이날 전 경찰과 조선군사령부 휘하 일본군 5,000명을 동원해서 경비에 들어 갔다. 오전 8시 30분경 종로 3가 단성사 앞을 지나면서 중앙고보생이 주창하여 독립 만세를 부르며 격문을 뿌렸고, 그 영향은 전국적으로 파급되었다.

　1926년 : 6·10 만세 운동

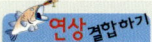 ㄱㅈㄴㅂ : 순종 국장일을 기해 만세 운동 **그 준비**한다.

역사 연대 A.D 기원후(紀元後) 서기(西紀)   해설144~146까지

☞ 낱말공식을 활용하거나 아니면 단어를 직접 만들어 글자의 자음을 이용하여 먼저 나오는 자음 순서를 가지고 숫자로 변환하여 연대와 주요내용을 결합하여 기억한다.

해설 144 1927년 2월 '민족 유일당 민족협동전선'이라는 표어 아래 민족주의를 표방하고 민족주의 진영과 사회주의 진영이 제휴하여 창립한 민족운동 항일단체이다. 내부적으로 좌우익의 갈등은 있었지만, 신간회는 민족적·정치적·경제적 예속의 탈피, 언론·집회·결사·출판의 자유의 쟁취, 청소년·여성의 평형운동 지원, 파벌주의·족보주의의 배격, 동양척식회사 반대, 근검절약운동 전개 등을 활동목표로 삼아 전국에 지회와 분회를 조직하며 세력을 확장해 나갔다.

1927년 : 신간회 조직

 ㄱㅈㄴㅅ : 신간회 조직에 들어가면 규율 준수한다.

해설 145 일제가 국학연구의 탄압책으로 조선어 학회의 관계자를 죄로 몰아 투옥한 사건이며 1942년 8월 함흥 영생 고등학교 학생이 검거되고 그 증인으로서 과거 이들 학생의 은사였던 조선어 학회 회원 정태진이 잡히면서 10월에는 조선어 학회를 관련시켜 탄압하기 시작하였다.

1942년 : 조선어 학회 사건

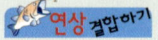 ㄱㅈㅎㄴ : 조선어 학회 사건으로 길에 거지 하나 없다.

해설 146 1945년 8월 15일 한국이 일제의 강점에서 해방된 날이며 광복이란 대한제국이 붕괴되면서부터 1910년 국권을 빼앗긴 이후 1945년 8월 15일 일본이 제2차 세계 대전에 패하여 우리나라가 해방되던 날까지의 시기에 대해서만 적용되는 반일 민족 독립 운동의 사상과 운동을 포괄하는 관념이다. 제2차 세계 대전에서의 일본의 패전이 8·15 광복의 직접적인 계기가 되었다.

1945년 : 8·15 광복

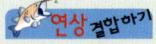 ㄱㅈㄹㅁ : 8·15 광복을 맞는 날 독립 운동했던 그 젊은이들이 거리로 나와 함성을 지르다.

역사 연대 A.D 기원후(紀元後) 서기(西紀)   해설147~149까지

☞ 낱말공식을 활용하거나 아니면 단어를 직접 만들어 글자의 자음을 이용하여 먼저 나오는 자음 순서를 가지고 숫자로 변환하여 연대와 주요내용을 결합하여 기억한다.

해설 147 1948년 8월 1일 제헌 국회는 이범석 총리를 인준하고 이승만 대통령은 중앙정부 12부 4처의 장관을 임명하였다. 이로써 헌법과 내각구성을 마치고 8월15일 대한 민국 정부가 정식 출범함에 따라 3년간의 미군정은 이날을 기해 종결되었다.

1948년 : 대한 민국 정부 수립

연상결합하기 ㄱㅈㅎㅇ : 그 저항 속에서 대한민국 정부 수립을 했다.

해설 148 1950년 6월 25일 새벽에 북한 공산군이 남북 군사 분계선이던 38선 전역에 걸쳐 불법 남침함으로써 야기된 한국에서의 전쟁이다.
김일성은 소련 및 중공의 대폭적인 지원 하에 무기를 들여오고, 남한 내에서 각종 게릴라 활동을 전개하는 등 온갖 수단과 방법으로 적화통일을 위해 광분하였다. 소련군은 북한지역 점령 초부터 김일성을 후원하여 군사력을 조직 정리하기에 급급하였다. 북한군은 남침준비가 완료되자 1950년 6월 25일 새벽 4시경 서해안의 옹진반도로부터 동해안에 이르는 38선 전역에 걸쳐 국군의 방어진지에 맹렬한 포화를 집중시키면서 기습공격을 개시하였다. 적의 YAK전투기는 서울 상공에 침입하여 김포비행장을 폭격하고, 시가에 기총소사(항공기의 기관총으로 적을 비로 쓸듯이 사격하는 일)를 하였다.

1950년 : 6·25 전쟁

연상결합하기 ㄱㅈㅁㅊ : 6·25전쟁 시 가족이 마차 타고 피난 가며 점차 희생자가 늘었다.

해설 149 1960년 4월 19일에 절정을 이룬 한국 학생의 일련의 반부정·반정부 항쟁이며 정부수립 이후, 허다한 정치 파동을 야기하면서 영구집권을 꾀했던 이승만과 자유당정권의 12년간에 걸친 장기집권을 종식하고, 제2공화국의 출범을 보게 한 역사적 전환점이 되었다.

1960년 : 4·19 혁명

연상결합하기 ㄱㅈㅂㅊ : 희생자가 그 잡초 무덤에 묻히다.

역사 연대 A.D 기원후(紀元後) 서기(西紀) 해설150

☞ 낱말공식을 활용하거나 아니면 단어를 직접 만들어 글자의 자음을 이용하여 먼저 나오는 자음 순서를 가지고 숫자로 변환하여 연대와 주요내용을 결합하여 기억한다.

해설 150

1961년 5월 16일 박정희를 중심으로 일부 군인들이 군사 정변을 일으킴.
군사 정변의 주체 세력은 헌법의 효력을 중단시키고, 국가 재건 최고 회의로 구성하여 2년 6개월 동안 군정 실시함.
당시 국가 재건 최고 회의는 초헌법적인 최고 통치 기구였다.
군사 정부는 반공을 국시로 내걸고 경제 재건과 정치 안정 및 사회 기풍의 쇄신을 강조.
- 헌법 개정 – 대통령 중심제와 단원제 국회를 주요 내용으로 하는 헌법 개정안이 국민투표로 확정.
- 대통령 선거 – 새 헌법에 따라 실시된 대통령 선거에서 박정희 후보가 당선.
- 주요 정책 – 공업화 경제 정책 추진, 적극적인 외교 활동, 한·일 협정 체결, 베트남에 국군 파병 등.

박정희 정부는 경제 성장과 국력 배양에 기여하였으나, 민주주의를 실현하려는 의지가 약해 독재 정치라는 비판을 받기도 하였다.

1961년 : 5·16 군사 정변

연상 결합하기 ㄱㅈㅂㄱ : 권력의 기(氣)를 잡기 위해 5·16 군사 정변이 일어났다.

| 핵심 | 내용을 연상하여 역사연대 기억하여 쓰기 | 문제 141~150 |

☞ 앞에서 공부한 주요내용을 연상하여 아래 문제에 해당되는 연도를 낱말로 쓰고 나서 다시 숫자로 기록하세요.

	핵심 내용	연도 낱말쓰기	연도 숫자쓰기
문제 141	김좌진 장군의 청산리 대첩	[ ]	[년]
문제 142	어린이날 제정	[ ]	[년]
문제 143	6·10 만세 운동	[ ]	[년]
문제 144	신간회 조직	[ ]	[년]
문제 145	조선어 학회 사건	[ ]	[년]
문제 146	8·15 광복	[ ]	[년]
문제 147	대한 민국 정부 수립	[ ]	[년]
문제 148	6·25 전쟁	[ ]	[년]
문제 149	4·19 혁명	[ ]	[년]
문제 150	5·16 군사 정변	[ ]	[년]

역사사건의 제목과 연상 결합하여 만들어 놓은 문제 141~150 해답

☞ 앞에서 공부한 역사 사건의 주요 핵심 단어와 숫자의 낱말 결합이 잘 안되면 이미 결합해 놓은 것을 가지고 기억해도 됩니다.

문제 141 김좌진 장군의 청산리 대첩
연상결합 해답 : ㄱㅈㄴㅊ : 기념 잔치   [1920년]

문제 142 어린이날 제정
연상결합 해답 : ㄱㅈㄴㄷ : 가준다   [1923년]

문제 143 6·10 만세 운동
연상결합 해답 : ㄱㅈㄴㅂ : 그 준비   [1926년]

※내용연상결합 141~143 : 잔칫날 어린이들에게 줄 음식을 준비한다.

문제 144 신간회 조직
연상결합 해답 : ㄱㅈㄴㅅ : 규율 준수   [1927년]

문제 145 조선어 학회 사건
연상결합 해답 : ㄱㅈㅎㄴ : 거지 하나   [1942년]

문제 146 8·15 광복
연상결합 해답 : ㄱㅈㄹㅁ : 그 젊은이   [1945년]

※내용연상결합 144~146 : 법을 준수하는 조선의 젊은이들이다.

문제 147 대한 민국 정부 수립
연상결합 해답 : ㄱㅈㅎㅇ : 그 저항   [1948년]

문제 148 6·25 전쟁
연상결합 해답 : ㄱㅈㅁㅊ : 가 점차 (가족마차)   [1950년]

문제 149 4·19 혁명
연상결합 해답 : ㄱㅈㅂㅊ : 그 잡초   [1960년]

※내용연상결합 147~149 : 대한 민국 정부는 점차 6·25, 4·19를 겪었다.

문제 150 5·16 군사 정변
연상결합 해답 : ㄱㅈㅂㄱ : 기(氣) 잡기   [1961년]

※내용연상결합 150 : 권력의 기(氣)를 잡기 위해 5·16 군사 정변이 일어났다.

우리나라 대통령

초대~3대	1948년	이승만 대통령 (1948~1960)
4대	1960년	윤보선 대통령 (1960~1962)
5대~9대	1963년	박정희 대통령 (1963~1979)
10대	1979년	최규하 대통령 (1979~1980)
11대~12대	1981년	전두환 대통령 (1981~1988)
13대	1988년	노태우 대통령 (1988~1993)
14대	1993년	김영삼 대통령 (1993~1998)
15대	1998년	김대중 대통령 (1998~2003)
16대	2003년	노무현 대통령 (2003~2008)

 국가지정 문화재의 종류

➡ **국보** : 보물에 해당하는 문화재 중 인류문화의 견지에서 그 가치가 크고 유례가 드문 것
 (예 : 서울 숭례문, 훈민정음 등)

➡ **보물** : 건조물·전적·서적·고문서·회화·조각·공예품·고고자료·무구 등의 유형 문화재 중 중요한 것 (예 : 서울 흥인지문, 대동여지도 등)

➡ **중요 무형문화재** : 무형문화재 중 중요한 것(예 : 종묘 제례악, 양주 별산대놀이등)

➡ **사적** : 기념물 중 유적·제사·신앙·정치·국방·산업·교통·토목·교육·사회사업·분묘·비 등으로서 중요한 것 (예 : 수원 화성, 경주 포석정지 등)

➡ **명승** : 기념물 중 경승지로서 중요한 것 (예 : 경주 청학동 소금강, 상백도 하백도일원 등)

➡ **사적 및 명승** : 기념물 중 사적지·경승지로서 중요한 것
 (예 : 경주 불국사 경내, 부여 구두래 일원 등)

➡ **천연기념물** : 기념물 중 동물(서식지·번식지·도래지 포함)·식물(자생지 포함), 지질·광물로서 중요한 것 (예 : 달성의 측백수림, 노랑부리 백로 등)

➡ **중요 민속자료** : 의식주·생산·생업·교통·운수·통신·교역·사회생활·신앙 민속·예능·오락·유희 등으로서 중요한 것 (예 : 덕온 공주당의, 안동 하회마을 등)

우리나라 24절기 기억방법

24절기란 태양년을 태양의 환경에 따라 24등분 하여 계절을 세분화하여 만든 것이다.

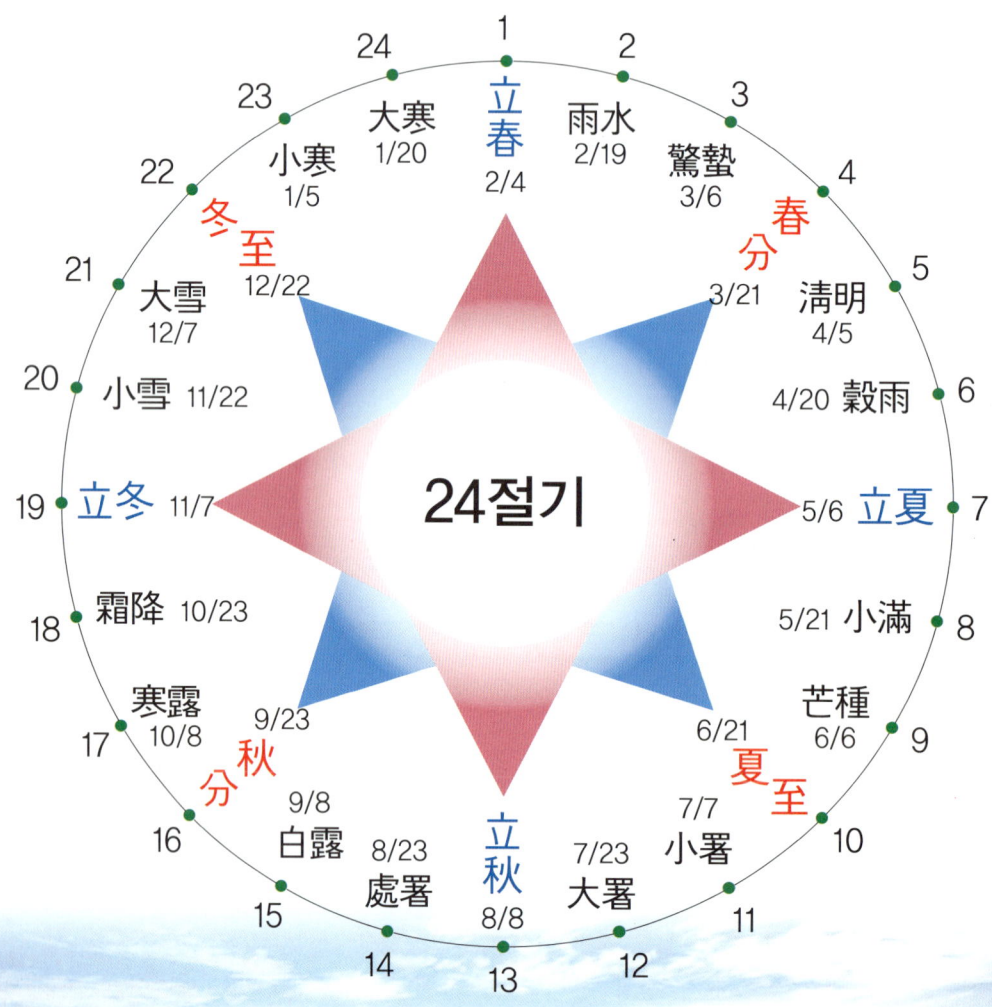

인간이 24절기를 만든 가장 큰 이유 중 하나는 계절의 변화를 알기 위해서이다. 특히 농경사회에서는 계절의 변화에 민감하지 않을 수 없었으므로 우리 조상은 농사를 짓기 위하여 씨를 뿌리는 시기나 추수를 하기에 가장 알맞은 날짜를 알아야 했기 때문이다.

24절기 마다 속담 및 풍습에 대한 이해

입춘(立春) 양력 2월 4일 : 24절기 중 첫 번째 절기로 봄으로 접어드는 시기를 알리는 것이다. 입춘 날이 되면 옛 어른들은 이날 '입춘대길'과 같은 좋은 뜻의 글을 써서 대문이나 천정에 붙이면 그 해는 운수가 좋다고 하여 집집이 써 붙였다. 농가에서는 보리 뿌리를 뽑아 보고서 그 해 농사가 잘될지 잘못될지 점을 치기도 했다.

우수(雨水) 양력 2월 19일 : 봄을 알리는 단비가 내리고 겨우내 얼었던 대지가 녹아 물이 많아진다는 의미로 우수라고 한다. 날씨가 많이 풀려 봄기운이 돌고 초목이 싹트게 되는 절기로 예로부터 "우수, 경칩에 대동강 물이 풀린다."는 말이 있다.

경칩(驚蟄) 양력 3월 6일 : 경칩은 땅속에 들어가 잠을 자던 동물들이 깨어나서 꿈틀거리기 시작한다는 뜻이다. 이 무렵에는 날씨가 따뜻해져 동면하던 개구리들이 나와 물이 괸 곳에 알을 낳는 데 그 알을 먹으면 허리 아픈 데 좋다고 해서 경칩 날에 개구리알을 먹는 풍습이 전해오고 있다.

춘분(春分) 양력 3월 21일 : 겨울에 짧았던 낮이 길어져서 밤낮의 길이가 똑같아지는 날이다. 음력으로는 2월인데 바람이 많이 불어서 "2월 바람에 김칫독 깨진다.", "꽃샘추위에 설늙은이 얼어 죽는다."는 속담이 있을 정도이다. 춘분 기간에는 제비가 날아온다고 한다.

청명(淸明) 양력 4월 5일 : 한식의 하루 전날이거나 한식과 같은 날이 된다. 오늘날의 식목일과도 대개 겹치므로 대부분이 농가에서는 논농사 준비 작업으로 논밭 둑 가래질을 시작한다. 이 날을 전후해서 "한식에 죽으나 청명에 죽으나"라는 속담도 있다.

 양력 4월 20일 : 봄비가 잘 내리고 온갖 곡식이 윤택해지는 때이다. 그래서 "곡우에 가물면 땅이 석 자가 마른다" 즉 그 해 농사를 망친다는 말이 있다. 옛날에는 농가에서 못자리를 마련하고 한 해 농사의 준비가 시작된다. 이 무렵에 못자리에 쓸 볍씨를 담갔는 데, 밖에서 부정한 일을 당하거나 본 사람은 집 앞에 와서 불을 놓아 나쁜 귀신을 몰아 낸 다음에 집 안에 들어오고 들어와서도 볍씨를 보지 않을 정도로 소중히 여겼다.

 양력 5월 6일 : 여름이 들어섰다고 알리는 절기라 하여 입하라 한다. 곡우 무렵에 마련한 못자리가 자리를 잡아 농사일이 더욱 바빠지는 때이다. 농작물도 잘 자라지만 해충이 많아지고 잡초까지 자라서 이것들을 없애는 일도 많아진다.

 양력 5월 21일 : 여름 기운이 나기 시작하면서 식물이 성장하는 때이다. 농가에서는 모내기가 시작되고 보리 수확을 하기 시작한다. 여러 가지 밭농사의 김매기들이 줄을 이어 제일 바쁜 계절로 접어들 때이다. 봄철 입맛을 돋우는 냉잇국은 이 때 즐겨 먹는 음식으로 유명하다.

 양력 6월 6일 : 망종은 벼, 보리 등 수염이 있는 곡식의 씨앗을 뿌리기에 적당한 때라는 뜻으로 "보리는 익어서 먹게 되고, 볏모는 자라서 심게 되니 망종이요.", "햇보리를 먹게 될 수 있다는 망종"이라는 말이 있었다. 모내기와 보리 베기가 동시에 완성되는 시기라 일 년 중 가장 바쁜 시기이다. 때문에 특히 보리농사가 많았던 남쪽 농촌에는 "발등에 오줌싼다."는 말이 전해 온다. 망종 기간에는 까마귀가 나타나고, 왜가리가 울기 시작하면 지빠귀가 울음을 멈춘다고 한다.

 양력 6월 21일 : 이날은 일 년 중 낮이 가장 긴 날이다. 옛 어른들은 모내기를 모두 끝내고 이때까지도 비가 오지 않으면 기우제를 지냈다. 이 시기에는 지구 표면이 가장 많은 열량을 받는 것으로 이 열량이 계속 쌓여 하지 이후에는 더욱 더워져 삼복 시기에 가장 덥게 되는 것이다.

 **소서(小暑)** 양력 7월 7일 : 소서는 작은 더위라는 뜻으로 본격적인 더위가 시작되는 때이다. 그래서 온갖 과일과 채소가 풍성해지고 밀과 보리도 많이 먹게 된다. 날씨는 더위와 함께 장마전선의 정체로 습도가 높아 장마철이 시작된다.

 **대서(大暑)** 양력 7월 23일 : 대서는 큰 더위라는 뜻으로 몹시 덥고 큰 장마가 지는 경우가 많은 절기이다. 대게 중복시기와 비슷해서 폭염의 더위가 심한 시기이면서도 장마로 인해 많은 비를 내리기도 한다. 소서와 대서 무렵에는 논밭의 잡초를 뽑고 풀, 짚 등을 섞어 거름을 만들어 두기도 한다.

 **입추(立秋)** 양력 8월 8일 : 여름이 지나고 가을에 접어들었다는 뜻을 가진 절기이며 따라서 이때부터는 가을 채비를 시작해야 한다. 특히 무, 배추를 심고 서리가 내리기 전에 거두어서 겨울김장에 대비하게 된다. 이 기간에는 서늘한 바람이 불어오고, 이슬이 진하게 내리며, 귀뚜라미가 울기 시작한다.

 **처서(處暑)** 양력 8월 23일 : 처서는 여름이 지나 더위가 물러가신다는 뜻이 있다. 이때는 따가운 햇볕이 누그러져서 풀이 더 자라지 않기 때문에 논두렁이나 산소의 풀을 깎고, 날씨가 선선해 져서 "처서가 지나면 모기도 입이 비뚤어진다."라고 한다. 이 기간에는 매가 새를 잡아 늘어 놓고, 천지가 쓸쓸해지며, 논에 벼가 익는다고 한다.

 **백로(白露)** 양력 9월 8일 : 백로는 '이슬 로(露)'자를 써서, 밤에 기온이 내려가고 풀잎에 이슬이 맺히는 등 가을 기운이 완전히 나타난다는 뜻이 있다. 고된 여름 농사를 다 짓고 추수까지 잠시 일손을 쉬는 때라 여자들은 친정으로 부모님을 뵈러 갔다고 전해진다. 이 기간에는 기러기가 날아오고, 제비가 돌아가며, 뭇 새들이 먹이를 저장한다.

 양력 9월 23일 : 하지 이후로 낮이 조금씩 짧아져서 밤과 낮의 길이가 같아지는 때이다. 추분이 지나면 점차 밤이 길어지므로 여름이 가고 가을이 왔다는 것을 확실히 느끼게 된다. 이 무렵에는 추수기가 시작되고 백곡이 풍성한 때이다. 논밭의 곡식을 거두어 들이고 목화와 고추도 따서 말리는 등 잡다한 가을걷이 일이 있다. 이 시기에는 동면할 벌레가 구멍에 창을 막고, 땅 위의 물이 마르기 시작한다고 한다.

 양력 10월 8일 : 한로는 찬 이슬이 맺힌다는 뜻이며 기온이 더욱 내려가기 전에 추수를 끝내야 하므로 농촌은 타작이 한창인 때이다. 대개 중양절과 비슷한 때로 국화전과 국화술을 즐기고 모임과 놀이가 많았다. 단풍이 짙어지고 여름새와 겨울새의 교체 시기에 해당하니 기러기가 모여들고, 참새가 줄어든다.

 양력 10월 23일 : 상강은 서리가 내린다는 뜻으로, 이 무렵은 쾌청한 날씨가 계속되면서 밤에는 기온이 매우 낮아져 수증기가 지표에 엉겨 서리가 내리는 늦가을이다. 이 기간에는 승냥이가 산짐승을 잡고, 초목이 누렇게 변하고, 동면하는 벌레가 모두 땅 속으로 숨는다고 한다.

 양력 11월 7일 : 겨울로 접어든다는 뜻이 있는 절기로 입동에 날씨가 따뜻하지 않으면 그 해 바람이 독하다고 한다. 더 지나면 배추가 얼어붙고 일하기가 어려워지기 때문에 입동을 전후해서 김장을 한다. 이 기간에는 물이 비로소 얼고, 땅이 처음 얼며, 꿩은 드물고 조개가 잡힌다고 한다.

 양력 11월 22일 : 소설부터는 살얼음이 잡히고 땅이 얼기 시작해서 점차 겨울기분이 든다. 이 시기는 첫 겨울의 증후가 보여 눈이 내린다는 의미를 지니고 있다. 이 무렵인 음력 10월 20일경에는 바람이 심하게 불고 날씨가 추워서 외출을 삼가야 한다.

 양력 12월 7일 : 대설은 눈이 많이 내린다는 뜻을 가진 절기이다. 우리나라에서는 반드시 눈이 많이 오지는 않지만, 실제 추위의 계절은 동지를 지나서부터이다. 이 날 눈이 많이 오면 다음해 풍년이 들고 푸근한 겨울을 난다고 한다.

 양력 12월 22일 : 일 년 중 밤이 가장 긴 날이다. 동지 다음날부터는 낮이 다시 길어지기 때문에 고대 사람들은 이날을 태양이 죽음으로부터 되살아나는 날이라 생각하고 태양신에 제사를 올렸다고 한다. 동짓날을 '작은 설'이고 "동지팥죽을 먹어야 진짜 나이를 한 살 더 먹는다"는 속담이 있을 정도이다. 붉은 팥으로 죽을 쑤어 그 속에 찹쌀로 옹시미 또는 새알심이라는 단자를 만들어 넣어 먹고 또 역귀를 쫓는다는 의미로 팥죽 국물을 벽이나 문에 뿌리기도 하였다.

 양력 1월 5일 : 소한은 '작은 추위'라는 뜻이다. 이름으로 보면 '큰 추위'라는 뜻의 대한 때가 더 추운 것 같지만 우리나라에서는 소한 때가 가장 추워서 "대한이 소한 집에 놀러 갔다가 얼어 죽었다."는 옛 속담이 생겨날 정도이다.

 양력 1월 20일 : 중국에서는 겨울 추위는 입동에서 시작해서 소한으로 갈수록 추워지고 대한에 이르러서는 최고에 이른다. 그러나 우리나라에서는 소한 때가 더 추워서 "춥지 않은 소한 없고, 포근하지 않은 대한 없다.", "소한에 얼었던 얼음, 대한이면 다 녹는다."는 속담도 있다. 겨울 추위의 매듭을 짓는다는 의미의 대한이지만 실제는 소한 때가 더 춥다.

※ 윤년은 4년에 한 번씩 찾아 오는 데 윤년이 드는 해에는 24절기 중에 하루 정도 차이가 날수도 있다.

 ## 24절기 숫자 낱말 기억훈련 (봄과 여름)

절기에 맞게 만들어진 숫자낱말을 먼저 기억하세요.

숫자낱말

1. 입춘(立春) 2월 4일 : ㄴㄹ   = [놀이]
2. 우수(雨水) 2월 19일 : ㄴㄱㅈ = [나가자]
3. 경칩(驚蟄) 3월 6일 : ㄷㅂ   = [답답]
4. 춘분(春分) 3월 21일 : ㄷㄴㄱ = [단기]
5. 청명(淸明) 4월 5일 : ㅎㅁ   = [함께]
6. 곡우(穀雨) 4월 20일 : ㅎㄴㅊ = [한치]

숫자낱말

7. 입하(立夏) 5월 6일 : ㅁㅂ   = [맵씨]
8. 소만(小滿) 5월 21일 : ㅁㄴㄱ = [모내기]
9. 망종(芒種) 6월 6일 : ㅂㅂ   = [밥]
10. 하지(夏至) 6월 21일 : ㅂㄴㄱ = [반기다]
11. 소서(小暑) 7월 7일 : ㅅㅅ   = [삿갓]
12. 대서(大暑) 7월 23일 : ㅅㄴㄷ = [산다]

24절기 숫자 낱말 기억훈련 (가을과 겨울)

숫자낱말

13. 입추(立秋) 8월 8일 : ㅇㅇ = [우아]
14. 처서(處署) 8월 23일 : ㅇㄴㄷ = [안대]
15. 백로(白露) 9월 8일 : ㅈㅇ = [장수한다]
16. 추분(秋分) 9월 23일 : ㅈㄴㄷ = [준다]
17. 한로(寒露) 10월 8일 : ㄱㅊㅇ = [꽃이]
18. 상강(霜降) 10월 23일 : ㄱㅊㄴㄷ = [꽃나다]

숫자낱말

19. 입동(入冬) 11월 7일 : ㄱㄱㅅ = [각시]
20. 소설(小雪) 11월 22일 : ㄱㄱㄴㄴ = [국난]
21. 대설(大雪) 12월 7일 : ㄱㄴㅅ = [군사]
22. 동지(冬至) 12월 22일 : ㄱㄴㄴㄴ = [간난애]
23. 소한(小寒) 1월 5일 : ㄱㅁ = [곰]
24. 대한(大寒) 1월 20일 : ㄱㄴㅊ = [건초]

우리나라 24절기 기억방법

봄의 계절

➜ 24절기란 태양년을 태양의 환경에 따라 24등분 하여 계절을 세분화해서 만든 것이다.
➜ 앞에서 본 숫자 낱말을 가지고 직접 결합하여 기억해 보세요.

앞에 숫자낱말을 넣어 연상결합 하세요.

1. 입춘(立春) 2월 4일 : 봄의 시작
   | 숫자연상 결합법 |

2. 우수(雨水) 2월 19일 : 얼음이 녹고 초목이 싹트는 시기.
   | 숫자연상 결합법 |

3. 경칩(驚蟄) 3월 6일 : 언 땅이 녹으면서 개구리가 깨어나는 시기.
   | 숫자연상 결합법 |

4. 춘분(春分) 3월 21일 : 완연한 봄(밤낮의 길이가 같아짐).
   | 숫자연상 결합법 |

5. 청명(淸明) 4월 5일 : 날씨가 맑고 청명함(논 농사 준비).
   | 숫자연상 결합법 |

6. 곡우(穀雨) 4월 20일 : 봄비가 내리고 곡식이 윤택해짐.
   | 숫자연상 결합법 |

여름의 계절

➜ 24절기란 태양년을 태양의 환경에 따라 24등분 하여 계절을 세분화해서 만든 것이다.
➜ 앞에서 본 숫자 낱말을 가지고 직접 결합하여 기억해 보세요.

앞에 숫자 낱말을 넣어 연상결합 하세요.

7. 입하(立夏) 5월 6일 : 여름의 시작

| 숫자연상 결합법 |

8. 소만(小滿) 5월 21일 : 모내기 시작

| 숫자연상 결합법 |

9. 망종(芒種) 6월 6일 : 모심기 시작, 보리 베기.

| 숫자연상 결합법 |

10. 하지(夏至) 6월 21일 : 낮이 가장 긴 시기(모심기를 마치는 시기).

| 숫자연상 결합법 |

11. 소서(小署) 7월 7일 : 작은 더위(장마 시작).

| 숫자연상 결합법 |

12. 대서(大署) 7월 23일 : 큰 더위(더위가 가장 심한 시기).

| 숫자연상 결합법 |

우리나라 24절기 기억방법

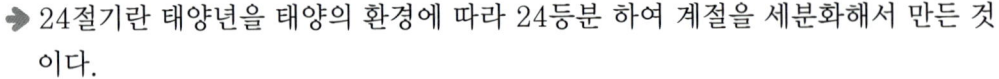
가을의 계절

➜ 24절기란 태양년을 태양의 환경에 따라 24등분 하여 계절을 세분화해서 만든 것이다.
➜ 앞에서 본 숫자 낱말을 가지고 직접 결합하여 기억해 보세요.

앞에 숫자 낱말을 넣어 연상결합 하세요.

13. 입추(立秋) 8월 8일 : 가을이 시작되는 시기.
   | 숫자연상 결합법 |

14. 처서(處署) 8월 23일 : 더위가 물러가고 일교차가 커짐.
   | 숫자연상 결합법 |

15. 백로(白露) 9월 8일 : 이슬이 내리는 시기.
   | 숫자연상 결합법 |

16. 추분(秋分) 9월 23일 : 낮과 밤의 길이가 같음(완연한 가을).
   | 숫자연상 결합법 |

17. 한로(寒露) 10월 8일 : 찬 이슬이 내림.
   | 숫자연상 결합법 |

18. 상강(霜降) 10월 23일 : 서리가 내리기 시작함.
   | 숫자연상 결합법 |

겨울의 계절

➡ 24절기란 태양년을 태양의 환경에 따라 24등분 하여 계절을 세분화해서 만든 것이다.
➡ 앞에서 본 숫자 낱말을 가지고 직접 결합하여 기억해 보세요.

앞에 숫자 낱말을 넣어 연상결합 하세요.

19. 입동(入冬) 11월 7일 겨울의 시작.
| 숫자연상 결합법 |

20. 소설(小雪) 11월 22일 작은 눈이 내리고 얼음이 어는 시기.
| 숫자연상 결합법 |

21. 대설(大雪) 12월 7일 큰 눈이 내리는 시기.
| 숫자연상 결합법 |

22. 동지(冬至) 12월 22일 낮이 짧고 밤이 제일 긴 시기.
| 숫자연상 결합법 |

23. 소한(小寒) 1월 5일 작은 추위(겨울 중 가장 추운 시기).
| 숫자연상 결합법 |

24. 대한(大寒) 1월 20일 큰 추위
| 숫자연상 결합법 |

나만의 연상 노트에 매핑하기

교과서에 나오는 내용 중 매우 중요한 내용이나 시험에 꼭 나오는 내용을 파악하여 그 내용을 가지고 기억해 보기로 합니다.

지금까지 여러 방법으로 기억법의 기초 훈련을 쌓아 왔으니, 이제 기억하고자 하는 내용을 가지고 실전훈련하기로 합니다.

기억하고자 할 내용 중 인출 단서가 될만한 것을 미리 파악하여 이해하고 나서 그 내용을 바탕으로 매핑(지도그림 만들기)하여 연상기억하여 보세요.

실마리가 될만한 핵심 단어를 찾아서 그 단어를 연상하면 결합된 내용이 그대로 기억나게 됩니다. 예를 들어, 부엌에 냉장고가 인출단서라 보면 그 냉장고 문을 열어보세요. 그 안에는 우유, 사과, 음료수, 달걀 등 여러 가지가 많이 들어 있습니다. 내가 기억하기 위해서는 필요한 것만을 골라서 매핑을 하게 됩니다.

아침에 학교에 가기 위해 내 동생은 밥 대신 우유를 한잔 마시고 공부하러 학교에 갔고, 언니는 다이어트를 하기 위해서 사과 1개를 먹고 회사로 출근했다면 냉장고를 떠올리면 누가 어디를 가기 위해 무엇을 먹었는지 생생하게 기억나게 되는 것입니다. 우유하면 누가 먹고 어디로 무엇을 하러 갔나요? 또는 사과 1개는 누가 먹고, 무엇 때문에 먹고 어디를 갔느냐가 그대로 매핑에 의해서 나오게 되는 것입니다.

그림은 눈을 통하여 영상이 들어오게 되므로 글자의 내용보다 기억속에서는 쉬우면서도 친근하게 들어오고 오래도록 남게 되는 것입니다. 이러한 훈련을 반복 연습하면 우리의 두뇌 속에 잠재되어 있어서 언제 어디서나 그 능력을 쉽게 발휘할 수 있게되는 것입니다. 이러한 방법은 기억에 있어서 매우 효과적인 학습 방법이 되므로 일시적 기억에서 탈피하여 장기적으로 기억할 수 있는 창의적인 학습이라 볼 수 있습니다.

 나만의 노트 훈련장에 실전 매핑 그림 그리기 훈련을 해 보세요.

나만의 연상 기억 노트 장 만들기

제목 :   학년 :   이름 :

➡ 공부하고 싶은 내용을 요점 정리하여 직접 써 봅시다.

[기억할 내용 요점 정리하기]

[기억할 내용 연상 구조화하기]

나만의 연상 기억 노트 장 만들기

제목 :   학년 :   이름 :

➡ 공부하고 싶은 내용을 요점 정리하여 직접 써 봅시다.

[기억할 내용 요점 정리하기]

[기억할 내용 연상 구조화하기]

나만의 연상 기억 노트 장 만들기

제목: 학년: 이름:

➡ 공부하고 싶은 내용을 요점 정리하여 직접 써 봅시다.

[기억할 내용 요점 정리하기]

[기억할 내용 연상 구조화하기]

나만의 연상 기억 노트 장 만들기

제목 :   학년 :   이름 :

➡ 공부하고 싶은 내용을 요점 정리하여 직접 써 봅시다.

[기억할 내용 요점 정리하기]

[기억할 내용 연상 구조화하기]

나만의 연상 기억 노트 장 만들기

제목 :   학년 :   이름 :

➡ 공부하고 싶은 내용을 요점 정리하여 직접 써 봅시다.

[기억할 내용 요점 정리하기]

[기억할 내용 연상 구조화하기]

나만의 연상 기억 노트 장 만들기

제목:　　　　　　　　　　　　학년:　　　　　이름:

➡ 공부하고 싶은 과목의 내용을 요점 정리하여 직접 써 봅시다.

[기억할 내용 요점 정리하기]

기억할 내용 연상 구조화 장 만들기

학년: 이름:

제목 :

[기억할 내용 연상화하여 구조화하기]

나만의 연상 기억 노트 장 만들기

제목 :   학년 :   이름 :

➔ 공부하고 싶은 과목의 내용을 요점 정리하여 직접 써 봅시다.

[기억할 내용 요점 정리하기]

기억할 내용 연상 구조화 장 만들기

학년: 이름:

제목:

[기억할 내용 연상화하여 구조화하기]

나만의 연상 기억 노트 장 만들기

제목 :　　　　　　　　　　　　　학년 :　　　　　이름 :

➡ 공부하고 싶은 과목의 내용을 요점 정리하여 직접 써 봅시다.

[기억할 내용 요점 정리하기]

기억할 내용 연상 구조화 장 만들기

학년: 이름:

제목 :

[기억할 내용 연상화하여 구조화하기]

나만의 연상 기억 노트 장 만들기

제목:　　　　　　　　　　학년:　　　　이름:

➡ 공부하고 싶은 과목의 내용을 요점 정리하여 직접 써 봅시다.

[기억할 내용 요점 정리하기]

기억할 내용 연상 구조화 장 만들기

학년 :   이름 :

제목 :

[기억할 내용 연상화하여 구조화하기]

나만의 연상 기억 노트 장 만들기

제목: 학년: 이름:

➔ 공부하고 싶은 과목의 내용을 요점 정리하여 직접 써 봅시다.

[기억할 내용 요점 정리하기]

기억할 내용 연상 구조화 장 만들기

학년: 이름:

제목:

[기억할 내용 연상화하여 구조화하기]

나만의 연상 기억 노트 장 만들기

제목 :　　　　　　　　　　　　학년 :　　　　이름 :

➜ 공부하고 싶은 과목의 내용을 요점 정리하여 직접 써 봅시다.

[기억할 내용 요점 정리하기]

기억할 내용 연상 구조화 장 만들기

학년: 이름:

제목:

[기억할 내용 연상화하여 구조화하기]

나만의 연상 기억 노트 장 만들기

제목 :   학년 :   이름 :

➡ 공부하고 싶은 과목의 내용을 요점 정리하여 직접 써 봅시다.

[기억할 내용 요점 정리하기]

기억할 내용 연상 구조화 장 만들기

학년: 이름:

제목 :

[기억할 내용 연상화하여 구조화하기]

암기과목 응용법

뇌학습 주남 기억법

———————————— 정가 18,000원

2020년 1월 15일 인쇄
2020년 1월 20일 발행
저 자 : 손 주 남
발행인 : 이 명 훈
발행처 : **남양문화**

판권

151-011 서울 관악구 신원동 1627-15
전 화 : 864-9152~3
FAX : 864-9156
등 록 : 제3-489

☞ 파본이나 낙장이 있는 책은 교환해 드립니다.

이 책은 무단전재 또는 복사·복제 행위는 저작권법
제9조 5항에 의거 저촉되오니 사용을 금합니다.

(CD 별도 구입시 3,000원)